江苏口承文化资源研究

孔庆茂 著

东南大学出版社
SOUTHEAST UNIVERSITY PRESS
·南京·

图书在版编目(CIP)数据

江苏口承文化资源研究/孔庆茂著．—南京：东南大学出版社，2019.1
　ISBN 978-7-5641-8236-6

Ⅰ.①江… Ⅱ.①孔… Ⅲ.①民俗学—研究—江苏 Ⅳ.①K892.453

中国版本图书馆CIP数据核字(2019)第009762号

江苏口承文化资源研究

出版发行	东南大学出版社
社　　址	南京市四牌楼2号　　邮编　210096
出 版 人	江建中
网　　址	http://www.seupress.com
电子邮箱	press@seupress.com
经　　销	全国各地新华书店
印　　刷	虎彩印艺股份有限公司
开　　本	880mm×1230mm　1/32
印　　张	7.25
字　　数	344千
版　　次	2019年1月第1版
印　　次	2019年1月第1次印刷
书　　号	ISBN 978-7-5641-8236-6
定　　价	38.00元

本社图书若有印装质量问题，请直接与营销部联系。电话(传真)：025-83791830

本书为江苏社会科学基金规划课题
"江苏口承文化资源研究"
（编号 07WXB003）结项成果

目 录

001 绪 论

007 第一章 口承文化与非物质文化遗产
008 第一节│口承文化的概念界定
011 第二节│口承文化的起源
017 第三节│口承文化的特点及作用
019 第四节│口承文化与非物质文化遗产

023 第二章 口承文化的意义与价值
024 第一节│书面与口头的传播方式优劣分析
028 第二节│口承传播方式分析
033 第三节│口承文化的母题
038 第四节│口头承载的文化信息

045 第三章 江苏口承文化历史发展
046 第一节│原始时期
047 第二节│先秦时期
050 第三节│汉魏六朝时期
055 第四节│隋唐五代时期
057 第五节│宋元时期
059 第六节│明清近代时期

065　第四章　江苏的俗语谚语

066　第一节｜江苏方言与俗语谚语
068　第二节｜江苏方言俗语探源
072　第三节｜俗语谚语的价值
080　第四节｜方言俗语保护的特殊性

083　第五章　江苏神话传说故事

084　第一节｜江苏的神话
089　第二节｜江苏水怪传说
098　第三节｜江苏风俗传说
104　第四节｜江苏山水地名传说
106　第五节｜江苏名人传说
109　第六节｜名产与工艺传说
112　第七节｜民间传说的文化影响

117　第六章　江苏的民歌民谣

118　第一节｜江苏的对山歌风俗
121　第二节｜吴歌的历史
126　第三节｜吴歌的变异
130　第四节｜吴歌与明清江南乡土生活

133　第七章　江苏口承文化个案研究

134　《挂枝儿》中明代女性生活
165　《挂枝儿》《山歌》中的明代社会生活
180　靖江讲经宝卷源流考
189　靖江讲经宝卷传承谱系的调查
198　论非物质文化遗产的文本保护——以靖江宝卷为例
205　论苏南民间的张大帝信仰
214　黄大仙信仰溯源——从魏晋地仙信仰谈起

223　后记

绪 论

江苏有悠久的历史与文化,在数千年的历史发展中,积累了大量优秀的文化,特别是作为非物质文化遗产的主要形式的口承文化资源,从公元前12世纪泰伯建勾吴国起,就有许多历史传说,后来的吴国作为春秋时期一个大国,在历史上起到过重要作用。江苏苏北在战国属于楚国,秦末刘邦、项羽起义,皆在江苏,秦汉时代起,江苏就有了高度发达的文化。

本书主要从口承文化角度,探讨江苏非物质文化资源的历史发展、文化特点、内涵以及保护问题。

//

一、口承文化是文化传播最古老的一种方式,与书面传播相辅相成

中国传统文化的传播与流传一是依靠文字,二是依靠语言,三是依靠实物。文字的固定性强,易于保存流传,在文化传播上有重要的作用。我们今天能看到的许多文化都是由文字记载下来的。但文字也有其局限,文字不是万能的。有许多文化不是以文字的方式呈现的,下层百姓口头所说的话、唱的歌,都是以口语的方式表达传播并流传下去的。

口承文化是文化的最初的传播方式,口头传承是以口耳相传的方式传播的。有许多文化特别是生活经验、宗教体验、神话传说等,都是在人际之间、代际之间口头流传的。原始社会的口头文学是所有文学的源头。后来虽然有了书面文字的文学和以文学创作为主的作家,但口头创作与传承仍是文化的重要方面。在文字不

太发达的时代,或者在社会的下层百姓,使用文字能力有限,或者条件不允许,传播方式也仍是以口头为主的。中国古代数千年的历史发展,有很多优美的经典的以文字为载体的作品,同时还有不计其数的口头作品。就是在传媒高度发达的今天,我们的社会也并不是一元代的文字载体的。今天我们仍然有许多流传于口头与手机上的"段子",有茶余饭后道听途说的各种"传说"与"小道消息",这些虽然不是"官方"的或"权威"的,但却是很有趣味,且能引起人们兴趣。传统口承文化正可作如是观。古人的这些"段子""传说""小道消息",有一部分仍然流行于今天的口头,有一部分被文字记载下来。我们可以借助古代的这些"非主流"的文化形态,更全面更客观地认识我们的文化面貌。

口承与书面是相辅相成的,二者相互影响。古代的许多口承资源,除了一部分尚流传于我们口头的之外,还有一部分被文字记载了下来。在研究现在的口承文化资源的同时,我们也要将其与书面文字材料进行对照与比较,这样才能凸显口承文化资源的特点与价值。

二、江苏有丰富的口承文化资源

江苏在夏商时代,就有"东夷"民族居于此,是中华民族重要的发祥地之一,土地肥沃,东靠大海,水利发达,有非常优越的地理环境优势。苏州作为春秋时吴国的都城,南京作为东吴以后十朝古都,成为全国的政治经济文化中心。从魏晋南北朝起,由于北方的战乱,南方社会稳定,粮食丰富,都城南迁,全国经济重心逐渐南移,江浙一带经济文化逐渐走向前列。六朝隋唐以后,江浙的经济就一直处于全国的领先地位,全国的粮食主要来源于这一带。

南方的文化随着经济的发达而发达,从东吴、东晋起,南京成为都城,吸引了来自全国的人,创造了高度的南方文化。魏晋时南方人的吴侬软语,细腻、精巧、婉转,与北方粗犷、直率、豪爽的风格形成对比。无论从艺术,还是文学、学术,南北的不同风格都有明显的体现。特别是到了明清时代，江南文化高度发达，文人辈出，江苏成为全国重要的文化中心，相应的口承文化也达到了高度的繁荣。

在高度发达的文化环境中，作为传播方式之一的口头传播也随之而兴盛。如春秋时候的吴国，三国时的东吴，下及南北朝时期，除了正史的记载之外，口头流传的传说故事、民歌也很丰富，有些传说至今仍在民间流传。在全省各个地方的民间，都有许多潜藏的口头资源，往往是一代一代口耳相传，不大引起人们的重视。这些资源到底有多少，恐怕难以估计，仅20世纪80年代编的民间文学三套集成所收的资料，就是一个很庞大的数目。口承文化面很广，并不仅仅是民间文学范畴。这种资源一直没有得到很好的挖掘。

三、口承文化保护的意义

首先，口承文化资源是文化的一个重要方面，是书面文献的重要补充。中国自古就有优秀的史学传统，对于以往的文献资料非常重视，但对于同样是人们历史积累的口承的文献资料却很少有足够的认识。在人们的观念中，认为只有写在纸上的文献才是真正文献，流传于口头的似乎没有纸上文献那么重要。其实不然，孔子《论语》中讲"文献不足征"，"文献"一词，本来就包含着"文"与"献"两个方面。"文"是文字，"献"是耆老，也就是从小耳提面命接受教育，有很深厚的文化修养的人。这种历史老人，既通文字，同时也是口承文化的继承者，如孔子闻之于老子之言，孔子口授给弟子的话，许多并不是用文字写出来的，而是在平时或上课时口授心传的。

其次，口承文化遗产都是民间的，它的非官方属性，决定了它不太可能被文字记载，始终在民间流传，流传于社会下层。偶有小说笔记或后世文人记载，也都是一鳞半爪，很难有较全面的文献记载。因此,在研究这份遗产时,就显得特别困难。研究的难度,也增加了保护的难度。对于口承文化遗产的调查与保护,都要建立在大量的资料搜集整理基础之上。书面文献资料少而且分散。

再次,口承文化是不同于书面文化的文献,它是一代一代在传承中不断变异的,如果中间有环节断代,可能就有失传之虞。因此,对于口承遗产的保护,比起书面文献资料,显得更为重要。

最后,口承可补正史文字记载之不足。正史毕竟有限,有许多民间的东西,一般来说不为人所重视,特别是不被统治者重视,正史不会记载。于是有野史,野史的记载虽然不一定可靠,但可以补充正史,野史里的一些材料,来自当时的民间传说。民间传说有一部分由于有人记载而进入野史,尚有不少可能依然流传在民间,靠口头流传。经过了数代或数十代的口头相传,有不少可能早已湮没无闻了,少数幸存的一直流传下来,时刻也都有湮灭的可能。从这点来说,口承文化保护的意义与价值,是不言而喻的。

四、江苏口承文化资源的调查与研究

基于以上的论述,对于江苏口承文化遗产的研究,是一个非常重要的课题。对它的研究,要建立在大量的资料收集基础之上。虽然本人也在苏南、苏北等地进行过大量的民间口承遗产如传说、歌谣、方言、谚语等调查,并详细考订过靖江的方言俗语的语源,但与研究的要求还是相差很远。江苏方言众多,区域文化很广很复杂,有限的田野调查远远不能解决问题。最主要的,还是要依靠前人的文献资料搜集整理。如江苏的民间文学三套集成和各地的口承文献的专著。

研究口承文化,不可避免的,要研究它的历史发展,需要从文献载体的书籍里去寻找口承的资源,一些重要的载籍,如郭茂倩的《乐府诗集》、杜文澜的《古谣谚》、冯梦龙的《山歌》《挂枝儿》都给我们提供了大量的史料。虽然载入书面文献的口承遗产不可避免地经过文人的修改,成为"死"的文献,但它却保存了口头文献,今天利用它,多少可以看出口头资源的历史原貌。

　　因此,本书的研究方法,主要是从口承文化资源出发,通过田野调查与历史文献对比,考证探讨它的发展与演变,从理论上,从口承的角度,对于今天的非物质文化遗产的保护,挖掘这些资源,提出对这部分遗产保护的一些看法。

第一章
口承文化与非物质文化遗产

非物质文化遗产,从传播的角度来看,主要是口承性的遗产。非物质文化遗产的主要门类包括民间文学、风俗民俗、民间音乐歌舞、民间工艺技艺,等等,虽然形式不同,种类繁多,但一言以蔽之,几乎都是口承性的。从口承的角度来观照各种非物质文化遗产,可以打破门类的界限,直接探讨它们之间的共通之处。

第一节 口承文化的概念界定

口承文化,即是以口头传承的方式延续传播的文化。它主要是靠一代代口耳相传,它的内容是多方面的,举凡社会生活与文化各个方面都涵盖在内,都可以纳入口承的范畴。

一、口承文化的内涵与外延界定

本书在行文过程中,不可能面面俱到,只是从非物质文化遗产的角度来观照口承文化。也就从方言俗语、民间歌谣谚语、神话传说故事、民间说唱、风俗习惯诸方面入手,分析其留下的遗产。这个概念,近于中国民间文学的范畴,但同民间文学的侧重点有所不同,主要表现在以下几个方面。

(1) 本书着重从非物质文化遗产角度分析这些文化资源。民间文学是以文艺的角度为着眼点。本课题主要论述这些口承遗产的文化内涵。

(2) 本书着重从文化史的角度,对不同地区、不同艺术的形式进行宏观的对比分析,不像民间文学那样分析其具体作品的内容与艺术。

(3) 侧重对口承文化资源源流的分析研究。对一种口承文化,分析其产生发展的历史脉络,源流正变,其中所蕴含的文化含义,而舍去对作品的具体分析。

二、以下内容不属于本课题的研究范畴

1. 以音乐为主的民间歌曲

江苏有不少传统民族音乐,如《二泉映月》《茉莉花》,原本是一种徒歌,但后来音乐家配上了音乐,成为一种传统音乐作品,已经不称其为口承文化艺术了。

2. 以歌舞为主的民间舞蹈戏曲

这类民间戏曲歌舞,如昆曲等地方戏或民间舞蹈,虽然属于非物质文化遗产内容,但其主要内容已不单纯是口承性的了,更主要的体现为音乐动作,非口承文化所能涵盖,因此不在本课题研究之列。

3. 以技术为主的民间工艺技艺

口承文化中,有相当一部分民间工艺技艺,是属于口耳相传的,如刺绣、云锦、花灯、剪纸等工艺,是由师傅通过表演演示,口授给徒弟,一代代相传下去的,这类纯工艺技艺性质的内容,分许多不同的门类、行业,专业技术性太强,难以笼统叙述,此不具论。

三、本课题所适用的口承范围

基于以上分析,本课题所涉及的口承文化,仅仅是以下几方面。

1. 方言俗语、谚语

方言俗语是口承文化的基础,所有的口承遗产都是建立在方言基础之上的。俗语、谚语是在方言基础上提炼的精华。《尚书·无逸》传:"俚语曰谚。"《汉书·五行志》中颜师古曰:"谚,俗所传言

也。"《文心雕龙·书记篇》中刘勰曰:"谚,直言也。"

民间谚语是人民生活经验的总结,言简意赅,顺口好记,有一定的哲理性和科学性,分为自然谚语和社会谚语。歇后语也是谚语的一种。

2. 民间歌谣

歌谣里有一类是儿童歌谣,简称童谣或儿歌。刘师培《论文杂记》说:谣与谚,"二体皆为韵语,谣训徒歌,歌者,永言之谓也。谚训传言,言者,直言之谓也"。也就是说,谣是可以随口唱出来的,是但歌,或称徒歌,不必配乐,可以唱的。谚是押韵的,不需要唱,亦不能唱。

民歌与民谣的区别。民歌是以唱为主的,有一定的腔调,民谣是只说不唱的,类似于现在的顺口溜。《毛诗大序》中说:"情动于中而形于言。言之不足,故嗟叹之。嗟叹之不足,故永歌之。永歌之不足,不知手之舞之,足之蹈之也。情发于声,声成文,谓之音。"

3. 神话

神话是一种非常古老的体裁,主要产生于原始社会时期和阶级社会初期。它是人类社会初期对所接触的自然现象、社会现象幻想的解释。神话分为创世神话(天地开辟与人类起源)、洪水神话(洪水是人类诞生以后共同遭受的重大灾难)、图腾神话(氏族与图腾物的关系,如盘瓠神话)、自然神话(关于日月能等的解释)、社会神话(神和英雄,如后羿、西王母)、解释型神话、文明神话、体系神话、宗教神话等。

4. 传说

传说是历史性较强的一种故事,往往同历史上真实存在的人物、事件与地方、风物相联系。传统主要包括人物传说、历史传说、地方传说、物产传说、风俗传说、新闻传说。

5. 民间故事

民间故事包括生活故事、笑话、寓言、童话四类。生活故事与神话、传说不同，人物与故事不一定与历史事实有联系。人物也不是名人。民间故事有劳动故事、家庭故事、爱情故事等。

6. 宣卷讲经等说唱

宣卷又叫作会讲经，在苏南一带，过去有做会讲经的习俗，每逢有大事，如生日、年节、婚丧嫁娶，都要做会，请说唱佛头宣卷讲经。《吴歌丁集》里有："宣卷先生面皮老，一心想吃寿桃糕。想去骗骗小宝宝，倒忘记脱仔一个手巾包。"除了宣卷之外，还有些宗教信仰色彩不太明显的说唱故事，如说评话，也是以说为主，口承色彩比较明显。

第二节 ｜ 口承文化的起源

一、口承文化随语言的出现而出现

关于口承文化的起源，正像关于文学艺术的起源一样，有宗教说、模仿说、游戏说、情感交流说和劳动说等多种观点。语言的出现要比文字的起源早得多。在还没有文字的时候，人类就有了语言，随着语言的出现，口承文化就开始了。

最早出现的口承形式，无疑就是谣谚。原始社会的先民，最初就是用简单的有音节、韵律的拖长了的"永言"抒发他们的感情的。刘师培《论文杂记》说："上古之时，先有语言，后有文字。有声音，然后有点画；有谣谚，然后有诗歌。谣谚二体，皆为韵语……歌者，永言之谓也……盖古人作诗，循天籁之自然，有音无字，故起源亦甚古。"[①]

---

① 见《刘申叔先生遗书》第 20 册。转引自刘光汉《论谣谚》，苑利主编《二十世纪中国民俗学经典·史诗歌谣卷》第 1 页，社会科学文献出版社，2002 年 3 月版。

中国文献中所记载的上古时的文学艺术,最早都是谣谚。如传说中大禹的妻子涂山氏在等人时高声唱"候人猗兮",就可以说是最古老的歌谣。

《吴越春秋》里载有《弹歌》:越王欲谋伐吴,范蠡进善射者陈音。王问曰:"孤闻子善射,道何所生?"对曰:"臣闻弩生于弓,弓生于弹,弹起于古之孝子,不忍见父母为禽兽所食,故作弹以守之。"歌曰:"断竹续竹,飞土逐宍(宍,古肉字)。"这首歌虽然产生于越,但地理上与吴地还是很相近的,可以看成是江苏口承文化中最古老的一首歌谣。

二、口承文化起源于劳动

劳动可以说是一切艺术产生的最根本的动力,民歌民谣是最古老的口头创作。鲁迅说的生产劳动中"杭育杭育派"正是揭示口承文化产生的情况。歌谣产生的重要因素是劳动。原始先民在劳动中积累了一定的经验,要靠简短的朗朗上口的谣谚总结出来,并传给下一代,历史上许多关于生产的谣谚就是这样流传下来的。有的民歌是在劳动中夹杂着有关祭祀的祈祝。《礼记·郊特牲》中所引《伊耆氏蜡辞》:"土反其宅,水归其壑。昆虫毋作,草木归其泽。"表达了对治理水土庄稼丰收的祈盼。

我们可以在后世的许多艺术作品中看出,这些口承的歌谣都是在劳动中产生、为劳动服务的。在劳动中,为了提高效率,统一步调,有了许多劳动号子,如船夫歌、打地基歌、夯歌、采茶歌,等等。这些歌曲,都是在劳动中产生的,就是一般的许多歌谣,也都是在劳动中产生的,如镇江近代歌谣《带唱山歌带耕田》:"带唱山歌带种田,不费工夫不费钱。自己省得打瞌睡,别人听听也新鲜。"在江苏民间故事中,有一篇《松江绣花鞋》:旧时姑娘出嫁,都要有几双自己亲手绣的绣花鞋带在身上,是要提醒自己,要辛勤劳动,勤劳持家①。

劳动不但产生了艺术,而且,艺术也可以缓解劳动所带来的疲劳,提高人们热爱劳动的兴趣。在江苏民歌中,有许多此类歌谣,如《人人都有一把秧在手》:"五月天,六月天,哪有闲人在路边。人人都有一把秧在手,口唱山歌不怕天。"《耘稻要唱耘稻歌》:"耘稻要唱耘稻歌,两膀弯弯泥里拖。眼观六方拔脱棵,两手忙忙捧六棵。"②

三、口承文化出于对自然社会的想象解释

所有的口承文化都是人们试图对于自己生活的自然社会的解释。鲁迅《中国小说的历史变迁》说:"原始民族,穴居野处,见天地万物,变化不常——如风,雨,地震等——有非人力所可捉摸抵抗,很为惊怪,以为必有个主宰万物者在,因之拟名为神;并想象神的生活、动作,如中国有盘古氏开天辟地之说,这便成功了'神话'。"

最初,人们由于受自己的认识的局限,不可能用科学的方法解释社会,所以产生了大量的神话。人们不知道自己的来源,不知道父母,所以有了感生神话的出现。特别古帝王自述自己的来源,都是很神秘的,如华胥履巨人脚印而生伏羲、附宝看到大龟绕北斗枢星感而孕黄帝、简狄吞玄鸟卵而生契、姜嫄践巨人脚印而生稷。

神话中的人物是超自然的异型人物。鸟兽也是很怪很可怕的,这是人类童年时代对于自然的认识或解释,通过口头流传成为后代记载下来的神话传说。首先,这是人们对于不可知的自然的想象,在科学还没有发展的时代,人们是用自己的想象来解释的。其次,上古人们所见的鸟兽与今天不同,对这些不认识的动物感到

---

① 陈庆浩、王秋桂主编:《中国民间故事全集23·江苏民间故事集》,台湾远流出版事业股份有限公司,1989年6月版。

② 《吴歌己集》,见顾颉刚等辑《吴歌·吴歌小史》,江苏古籍出版社,1999年8月版。

可怕，这是很正常的。古生物学考古发现，上古时代的许多动物，诸如恐龙、始祖鸟、鸭嘴兽等，在今天看来都是很恐怖很奇怪的。可见，在当时人们眼中，半人半神，或半人半兽，一定是不可思议的，从那时口耳相传，至汉代人们都深信不疑。汉代的画像石中，伏羲女娲，是人首蛇身，西王母则是半人半兽的样子。

四、口承文化起源于情感表达的需要

为了表达喜怒哀乐的情感而有节奏地发出较悠扬的声音，或者辅之以手舞足蹈，就成了一种艺术创作。如前所说，大禹的妻子涂山氏在等人时高声唱"候人猗兮"，这个最古老的歌谣就是抒发她等待丈夫时的情感的。情感表达是人们的最基本的需要，爱情、亲情、对弱小者的同情、对邪恶者的憎恶，都可以产生许多诗文。

爱情是一个十分重要的内容，是人们最普遍的感情，在民歌民谣中占有重要的地位，特别在江南一带的民歌中，爱情与婚姻要占绝大部分。对山歌主要是青年男女之间的爱情表白。江苏有一首民歌《唱个歌儿试妹心》说："大河涨水小河清，不知河水有多深。抛个石头试深浅，唱个歌儿试妹心"，可以看出唱山歌男青年的表达爱情的心理。

在民间传说故事中，经常有兄弟姐妹的故事。在兄弟故事中，往往弟弟是被同情的一方；在姐妹故事中，往往最小的妹妹是被同情的一方，如灰姑娘、兄弟分家等。著名的牛郎也是这一种类型。这表现了对弱小者的同情。

在众多民间口承文化中，敬爱正义的人物、痛恨奸邪也是一个共同的主题。特别在是传说故事当中，几乎是每篇都有。

五、生活方式产生口承文化

不同社会的生活方式，会产生不同的文化形态、风俗习惯，也就会产生不同的口承文化。口承文化的起源,离不开人们的生活方式。

1. 传统中国的封建的社会形态,产生了许多与之相应的风俗传说及各种文化

在旧时代,许多农村生了孩子,小孩子不能安眠,晚上哭闹,其父母常常会用红纸写上几句话,如:"天皇皇,地皇皇,吾家有个小儿郎。仁人君子念七遍,一忽睏到大天光。"①应当说明的是,这种东西全国各地皆有,如果没有存在的依据,不会南北各地从古到今一直延续下来,并不能简单地归于迷信,而是人们通过这种咒语和仪式表达了一种情感需求。

2. 传统社会的生活方式

传统社会特别是民间的生活方式决定了口承文化的内容。吴歌中写男女爱情的很多,其中有不少是关于妓女的,冯梦龙《山歌》《挂枝儿》中所辑录的大多数都是关于明末妓女的歌曲,所表达的是她们大胆而热烈的对爱情的向往和渴望,是她们心声的表达。在江南繁华的苏州,由于明末的商品经济的发展,妓女与商人或文人往往有不少接触,在这个过程中,自然产生了许多这样的作品。

吴歌中表达爱情的也有一些是良家妇女,特别是到了民国初年顾颉刚等人所收的吴歌集中,对于普通的女子,她们的爱情,她们与男子的幽会,写得同样精彩。可能很多人会想不通,在那个封建时代,一般的妇女大门不出,二门不迈,怎么会有自由恋爱的机会呢?这里我们需要对封建社会的生活生产方式有一个正确的认识。在封建社会,特别是下层的民间,妇女并不像大家闺秀,绝对不出门,她们也需要从事田间生产劳动,并不是所有封建时代的妇

---

① 此歌各地字句有不同,在北方常作:"天皇皇,地皇皇,我家有个夜哭郎。行路君子念几遍,一觉睡到大天亮。"此处是依《吴歌丙集》,见顾颉刚等辑《吴歌·吴歌小史》,江苏古籍出版社,1999年8月版。

女与男子就绝对不会认识,她们其实有一些男女可以认识往来的机会的。男女主要的结识途径,约略有以下几个方面:

一是进香与庙会。不管是南方还是北方,烧香敬神许愿,主要是妇女的事,这是男女认识的一个重要途径。《吴歌丁集》"十景西湖描不同"后面注说:"按,此为闺中所唱的西湖歌。吴中妇女,春季到杭州进香之风极盛,故西湖风景,均颇娴悉。"①进香成为男女约会的一种隐蔽方式。如宜兴民歌《十八情郎夜夜来》:"初一月半庙门开,姑娘双双同进来。阿嫂装香姑娘拜,十八情郎夜夜来。"②姑娘在进香祈祷时,希望神保佑能天天夜夜与情郎相会。元宵灯会,士女杂集,也是男女相会的一个重要场合。吴歌中经常写到看灯的场面,写看灯中看到的漂亮女子。甚至有时,青年男女可以偷偷相约看花灯。扬州民歌《清水秧歌》:"正月里来是新春哎,郎约小妹看花灯,又怕熟人多嘴舌,离郎二丈妹紧跟。"

二是田间生产。农村中的姑娘,并不像小说戏曲中描写的那样的浪漫,天天就在家里养尊处优,她们也同男子一样要从事生产劳动,栽秧割稻种棉纺织,她们都要做。青年男女在生产劳动中,相互认识,相亲相爱,也是很常见的。扬州民歌中有一首《女人当中一干才》说:"姐姐劳动真可爱,耕田栽秧样样来。反手割麦正手稻,扬锨堆草打连枷,好姐姐哎,女人当中一干才。"③还有一首歌《十个大姐插黄秧》最后一段说:"姐妹十个十枝花,打一段号子转回家。号子打出心中意,随着歌声飘天涯。"④这类例子极多,不胜枚举。

三是街坊邻居间的往来。在乡间生活中,正常的街坊邻居的

---

① 《吴歌丁集》"四季相思"后注释,见顾颉刚等辑《吴歌·吴歌小史》,江苏古籍出版社,1999年8月版。
② 《吴歌己集》,见顾颉刚等辑《吴歌·吴歌小史》,江苏古籍出版社,1999年8月版。
③ 汪复昌主编:《扬州歌谣谚语集》第2页,中国民间文艺出版社,1989年12月版。
④ 汪复昌主编:《扬州歌谣谚语集》第38页,中国民间文艺出版社,1989年12月版。

往来与今天并没有多大差别,青年男女之间谈话、约会也不是没有可能,只是那时的父母看管得比较严,结婚时必须有媒妁之言。江阴民歌《又做邻舍又做亲》:"结识私情恩爱恩,郎劝姐姐勿嫁人。你要嫁人嫁把我,又做邻舍又做亲。"①苏州吴歌中写到一个经商的男子,走街串巷叫卖妇女用品,跟一个女子相识相好,不收姑娘的钱。这都说明在一般的乡间生活中,封建礼教并不是那么严格,青年男女有相见相识的机会。

第三节 | 口承文化的特点及作用

一、口承文化的特点

1. 口头性

口头流传,这是口承文化最基本的特点。农村的大多数人没有多少文化,即使读个私塾,识一些字,文化程度也不高。传统社会平时的精神生活比较单一,没有什么娱乐活动,他们的娱乐生活,主要仍是看戏、听说唱故事。他们之间的交流,也主要靠那些可以随口而唱的民歌,这既是他们劳动之余的娱乐,也是他们传情达意的艺术手段,所以,在传统中国农村社会,歌谣非常发达。那些歌谣,只是流传在他们口头,并不会写在纸上,照本宣科,如果离开口头,那就失去了它的活力。

2. 原生态

口承文化是在一定的文化生态环境下产生的,这个生态环境,是传统的乡土文化。在中国传统的社会里,在一般的民间相对闭

---

① 《吴歌己集》第 521 页,见顾颉刚等辑《吴歌·吴歌小史》,江苏古籍出版社,1999 年 8 月版。

塞的生活环境、相对落后的传播条件与方式下,才可能产生大量口承的文化。如果经过文人的修饰,成为文字的作品,可能在艺术上会更成熟更典雅,如唐代白居易、刘禹锡模仿民间歌谣而作的诗歌,已经与原来民间的文艺有了距离,成为文人的作品了。

3. 集体性

口承文化大多都是民间的集体创作,一首歌谣或一个传说故事,起初可能有一个最初的版本,经过不断地口头传播,每个人的口头传播,实际上是在不断完善与修改,到最后,这些作品已没有具体的作者,已经成为大家集体智慧的结晶,成为集体创作的作品。

4. 变异性

口承的传说或诗歌,在流传中会产生很大的变化,渐渐离原本形态越来越远。这有多方面的原因。首先,在流传过程中随着时间与记忆的问题,自然地损耗。如遗忘、漏掉。其次,传播者根据自己的想象增删或改变。再次,时代发展,观念不同,对原来的内容进行修改。比如中外神话中,都有洪水故事与兄妹结婚生息后代的故事。那是母系社会初期族内班辈婚的遗留。同一血缘内的兄妹(并不一定是一母所生)之间婚配很正常,但后来族外婚之后,血缘内部的兄妹婚配就成为禁忌,婚姻形态发生了变化,人们的观念也产生了变化。所以最初的神话形态是洪水之后,兄妹自然成婚,生下孩子,男女双方都觉得很正常,并没有什么难为情。但后来在流传过程中,就加入了兄或妹一方有疑虑,或不好意思,或者抗拒,往往是女子一方躲闪,或者采取占卜的方式,或采取追赶或捉迷藏的方式成亲,就与原始形态发生了变异。如江苏流传的缸固庄神话,就是伏羲女娲故事的孑遗:姐姐不同意婚事,让弟弟追赶,最终在神龟的帮助下,弟弟才追赶上姐姐,双方成亲①。最后,

---

① 缸固庄的传说,见《中国民间故事集成·江苏卷》第 20 页,中国 ISBN 中心,1998 年 12 月版。

不同的人、不同的环境、不同的时代、不同的文化背景、不同的生活经验,都可能使他们在叙述时,语言、词汇、风格、情节有所改变,也会发生变异。

二、口承文化的作用

口承是人类最古老而且一直流传至今的文化传播方式。说它古老,是因为在文字没有产生与普及之前,它就存在了。语言的产生在前,在早期智人时代已经有了语言,而文字则是很晚以后的事了,我们今天能看到了有较多文字符号的遗留,是仰韶文化中的半坡与姜寨遗址中陶器上的刻符,即使是算上考古出土中最早的裴李岗文化贾湖遗址龟甲上的单个的刻符,距今也不过八千年时间。而在这之前长期的人类生活中,主要依靠一代一代的口头传播了,神话传说就是通过这种方式流传下来的。原始人的生活劳动经验也借此得以保存与积累。

到了后世,虽然有了文字,但由于文字书写材料的限制,文字不可能把语言中丰富的内涵表达完全,甲骨与青铜不用说了,简牍记载也非易事,不可能成为民间传播的主体。更何况识字的只是极少一部分受过教育的读书人,绝大多数的百姓是无法用使用文字交流的。可以说,直到明清时代,中国一般百姓仍然主要依靠口头传承方式进行人际与代际的传播。

第四节 │ 口承文化与非物质文化遗产

一、非物质文化遗产的共性——口头传承

非物质文化遗产是人类社会发展过程中留下的精神财富。非物质文化遗产可分为口头传说和表述,包括作为非物质文化遗产媒介的语言,表演艺术,社会风俗、礼仪、节庆,有关自然界和宇宙

的知识及实践,传统的手工艺技能。其中,口头传说和表述及语言,是直接的口承文化,其他的几项,属于兼有动作实践的间接的口承文化,口承可以说是其共性。动作与实践活动技能等,其知识体系与表述方式也都是口承的。

"社会风俗、礼仪、节庆"都是在神话传说、故事谣谚的基础上形成的,也在这些口承遗产中得到最主要的体现。"有关自然界和宇宙的知识及实践",是人们对自然的认识实践、探讨形成的关于月亮天上星辰的认识,是关于月亮与星辰的众多传说,如二十八星宿的知识;人们对自然现象如对农业、气象的知识,形成的是农业谚语、气象谚语、二十四节气,这些仍然是口承的文化。再如传统的手工艺技能,虽然是从实践动作为主,但这种活动,也是以师傅带徒弟的方式,师傅把自己的经验口授心传给弟子,一代代口传下去的。

所以,可以一言蔽之,所有非物质文化遗产的知识体系与表述方式都是口承的。

二、从口承角度研究非物质文化遗产的价值

基于以上认识,研究口承文化,是研究非物质文化遗产保护的一个突破口。口承如何产生,它与实物传承、书面传承有什么关系,口承的方式,口承的谱系,口承过程中的变异,如何保护口头传承等方面,是宏观上对非遗保护的研究。虽然本课题研究的主要是直接的口承文化,但对于间接的非遗,同样具有一定参考价值。

1. 口承方式

不同的非遗项目,代际之间传承的方式不同,如工艺技艺的传承与礼仪节庆的传承。虽然他们之间有一些共性,但具体传承就有很大不同。研究传承方式是保护的前提。

2. 口承谱系

这可能是非遗保护中最困难的一个环节。口承中的"数典忘

祖"现象是很普遍的,一个徒弟,可能记住自己的师傅,或师傅的师傅,再往上,可能就不清楚了。"上下不过三代",由于缺乏可靠的书面文献资料,导致后来人对前面的传承很不清楚。一种技能,如木版年画或丝绣工艺,不同的人有不同的师法,形成不同风格与派别,对它的保护也就要根据实际情况,保护其有价值的特殊性。要了解这种有价值的特殊性,就需要弄清传承的谱系、师法的来源。如何进行传承谱系调查,或通过其他文献理清传承谱系,这是一个难点,也是重点。

3. 口承过程中的变异

非物质文化遗产中的变异很大,愈变愈失其本,到后来寻流而难以溯其源。变异有多种因素,既有传承人的因素,也有时代的因素、地域的因素,同时也会有技术发展的因素,对其传承过程中的变异的研究,是研究导致其变异的各种可能的因素。对一种非物质文化遗产进行历时研究,研究不同时期的变异,寻找其发展演变的轨迹,就有赖于书面文献资料,借助于固定的书面文献,我们可以把不同时期的面貌厘清。如吴歌,从魏晋到唐宋,再到明清近代,变异很大,我们因为有了书面文献的对照,可以对其变异进行研究分析,对将来的变异进行适当的干预预防,有利于对它的保护。

三、对口承文化遗产的活态保护

非物质文化遗产的保护,关键是活态的保护,保护其原生态,让其在原来的文化环境下生长发育,但这是一个相当困难的事。社会在不断发展,旧有的文化环境日益遭到破坏,原生态变为不可能。"舞台化"成为保护的一种手段。把非遗变为一种舞台上的表演,这是权宜之计,而不是长久的方法。民间舞蹈、民间戏曲。传统技艺,尚可以舞台化,问题似乎还不是很突出,但对于人们口头的方言俗语、歌谣、传说故事,则几乎不可能舞台化。现在普通话侵蚀方言的现象、主流文化同化传统的现象非常普遍，这些口承遗产的生存空间越来越狭窄，对它们进行活态保护，需要研究口承文化生态，保护日益被侵蚀同化的古老的方言，研究现代化条件下传统的生活方式的生存，才能尽可能地延缓非遗的衰老与失传。

第二章
口承文化的意义与价值

进入新时代以来,电子传播、网络传播等新的传媒方式纷纷出现,极大提高了传播的速度与效率。但传统的文化传播主要有三种传播方式:口头传播、文字传播(包括绘画)、实物传播,这三种传播方式都是人类不可缺少的,各有利弊。在三种传播方式的比较中,我们可以看出口头传播的特点,分析其意义与价值。

第一节 | 书面与口头的传播方式优劣分析

一、三种传播方式的利弊

1. 口头传播(即口承)

口头传播是以口耳相传的方式传播的,这是人类最原始最悠久的传播方式。它的优点主要表现在:首先,传播条件极为简单,几乎不需要什么外在的物质条件,只要有语言能交流就可以。其次,传播速度快。代与代之间可以垂直传播,人与人之间可以横向传播,一传十,十传百,很快就可以达到目的。第三,传播与交流直接有效,语言的交流是最直接的,也是最亲切的,可以非常明白地表达意思,便于别人接受。这是其他方式所不具备的。

但口头传播也有其明显的弊端:第一,甲、乙双方需要当面交流,如果超过一定的距离,这种传播与交流就不能实现。第二,声音出于口,入于耳,稍纵即逝,不便于保存。第三,由于人们记忆的限制,容易被遗忘。前人说过的话,如果内容过长,或间隔时间稍久,就会被遗忘。再来复述时,就会出现一定的差错,这也就是口承容易发生变异的重要的生理因素。第四,容易遗失。口承中间环节如果发生断代,如传统技艺如果一代两代没有人传,就可能面临失传的危险。

2. 绘画与文字传播

这是人类社会有了文字符号之后的一种重要传播方式。文字传播的前身是绘画,原始社会的先民,通过用颜料画在岩石上,或刻在岩石上,表达他们的某种思想,如法国南部的岩画,中国广西花山岩画、内蒙古阴山、江苏连云港孔望山岩画等。由绘画渐而发展为表达一定含义的抽象的符号,如仰韶文化中的贾湖遗址,半坡、姜寨遗址中,都有一些类似于后世文字的符号。这些符号,在殷商时代成为定型的文字,就开始有了文字传播方式,文字成为记录人类文明的最重要的载体。人类文明最主要是靠文字传播来实现的。

文字传播有其特有的优势:首先,文字的持久性。文字可以刻在青铜器上或石头上,也可写在帛纸简牍上,可以经久保存,克服了口承中断代遗失的缺陷。其次,文字可以间接传播,不需要面对面交流,上下千百年,东西隔千百里,只要文字可到,就可以传播到。再次,文字与语言相结合,把稍纵即逝的语言固化为可以看得见的视觉载体,既能完整地表达意思,又便于保存。

但文字传播也有其不足之处。一是文字较为抽象,需要人脑想象联想的转化,有时会比较模糊,不像语言那样直接亲切。二是文字的识别需要有一定程度的文化,对于不识字的人或识字不多的人,就成为一种障碍。绘画虽然比较直观,但仅是视觉上的图像,传达不了复杂的内容。三是由于古代书写材料不便,文字书籍只有靠传抄,民间不易普及。

3. 实物传播

实物传播是以现实生活中的具体事物为对象相互授受的传播

方式。人与人之间通过传递东西来表情达意,如原始先民把打到的猎物传给别人,或把工具传给别人。这种传播的最大优点是非常简单直观。前人留给我们的实物,即文物,我们通过这些文物可以直观地看到前人所取得的文明成就。今天我们的邮递,就是实物传播。男女在恋爱时的互送礼物,也是实物传播。但其缺陷是表达的意思过于简单,复杂的精微的文化信息往往被遗漏。

二、口承文化韵语化与传奇性

通过以上分析,可以看出这三种传播方式之间各自的利弊。当然,这三种传播方式并不是单一不变的,有时克服其中一种传播方式的弊端,也会有综合的应用。如在实物传播中,加入文字或绘画的因素。我们看文物上,往往有一些文字,如青铜器,许多刻有铭文,这就是在实物传播中有了一些文字传播。情人之间互送礼物,也会用语言、用文字多方面表达情意。

口承过程中也不是单一形式的,人们在现实社会中,也会根据情况,尽量克服弊端,扬长避短。如前所述,口承最大的一个难题就是容易被遗忘,遗忘就容易造成断代,传播就不够广。中国最早的口承文化都是韵语。这就是根据遗忘规律,克服这一缺陷的一种办法。人们抒发感情,长言咏叹,自然成为有音节与旋律的韵语。同时,因为当时还没有通行文字,语言不便于保存,往往是用韵语表达,既有节奏感,又押韵,便于记忆。章太炎《正名杂义》中说:"盖古者文字未兴,口耳相传,渐则亡失,缀以韵文,斯便吟咏。而易于记忆。意者仓、沮以前,亦直有史诗而已。"① 上古时代许多重要的文章,都是以韵语的形式来便于记诵的。老子的《道德经》、庄周的《庄子》,乃至于史篇,也多为韵语,大概在那个时代,文字的

---

① 章炳麟:《訄书·订文·附》,古典文学出版社,1958年版。

作品,因书写不便,也仍是要靠口头传承的。或者为了突出内容,往往是夸张的、传奇的情节,也是为了便于人们记忆。刘师培《论文杂记》曰:"然当此之时,歌谣而外,复有史篇,大抵皆为韵语。言志者为诗,记事者为史篇。史篇起源,起于仓圣。《周官》之制,太史之职,掌谕书名。而宣王之世,夏有史籀作《史篇》,书虽失传,然以李斯《仓颉篇》、史游《急就章》例之,大抵韵语偶文,便于记诵,举生民日用之字,悉列其中。"①说神话传说固然很夸张,就是一般的民间故事,情节都很曲折,内容很传奇,如果过于平淡,就不可能一代一代记忆下来了。

三、口承与书面之间互相影响

口承与文字传播之间,也是互为影响的。语言的变化很快,一个时代有一个时代的语言,文字则古今变化很小,文字传播的优势就在于它的这种固定性。口承的过程中会随时代有所损益,而固定的文本则保持了它的原貌。如果每一代都有这种文本传世,我们就可以更全面地了解它的演变。如吴歌,宋代以前有郭茂倩《乐府诗集》,明末有冯梦龙的《挂枝儿》《山歌》,民国间有顾颉刚等人的《吴歌》甲、乙、丙、丁诸集。我们可以看到,不同时代的吴歌语言上差别很大。我们现在靠着这些文本,可以考知这一口承文化遗产的演变。

为了保存口承文化,人们会把它书面化,防止在口承过程中一些重要信息的流失。古代许多文人,把民间口耳相传的口承资料记载下来,虽然在主观上可能出于种种不同的动机,但客观上却把许多易于遗失的口承文化保存了下来。如《庄子》《淮南子》《吕氏春秋》《楚辞》里有许多神话传说,《诗经》里保存了西周到春秋时的

---

① 刘光汉(师培)《论文杂记》,转引自苑利主编《二十世纪中国民俗学经典·史诗歌谣卷》第1页,社会科学文献出版社,2002年3月版。

歌谣,《史记》里记载了大量历史传说故事,宋代郭茂倩的《乐府诗集》收录了宋代以前的许多民歌,杜文澜《古谣谚》里辑录了前人的谣谚,等等。说明口承文化也需要借助于文字传播的优势,避免自己的弊端。杨万里《独醒杂志序》说:"古者有亡书,无亡言。南人之言,孔子取之;夏谚之言,晏子诵焉……南北异地,夏周殊时,而其言犹传,未必垂之策书也,口传焉而已矣……书又可废乎? 书存则人诵,人诵则言存,言存则书可亡而不亡矣,书与言其交相存者欤。"(见《古谣谚》卷一百)

有些口承文化,如歌谣、讲经故事等,每个时代都有一定的变异,由一个一个时代层叠累积而形成。流传到今天,我们可以看到不同时代留下的痕迹,借助于文字书面的文本,我们可以考证出这些歌谣产生的时代,在后代不同时期有什么不同变化,文字书面的文本为我们研究口承文化提供了许多有益的帮助。口承文化书面化,有利于它的保存,但亦会在一定程度上损失了原来的意味。特别是历史上一些文人往往对之作了修饰与窜改。这也是无可奈何的事,比起完全失传总是要好得多。关于这部分内容,详见拙文《论非物质文化遗产的文本保护》。

第二节 口承传播方式分析

一、白话与口语

中国的语言与文字是两套不同的系统。语言是人们口头说的话,也就是人们所常说的白话。文字是为表达语言服务的,本应是与人们的口语白话相一致的。但是,由于古代书写工具与材料的不便,文字便朝着简约的方向发展,追求以极简约的文字表达丰富的语言,这就形成了所谓的文言。上古时的文言,还与口语相差不大。商周的青铜器铭文,有许多口语的痕迹,中国最古老的书籍《尚书》,也出现在商周之时,里面尚有许多口语词汇,如"都""俞""若"等等皆是,但到春秋时期,口语与文言的分野越来越大。孔子是中国文言的最主要提倡者,他认为语言有文与野之分,所谓文,就是高雅的文字即文言;所谓野,就是鄙野之人说的话。孔子认为:"言之不文,传之不远。"孔子屡屡斥责子路,就是其说话野,"野哉,由也。"孔子自己著书,都是用极简略的文字记载的,如《春秋》整整两百多年的一个时代的历史,用极少的文字记录下来。这就是他所说的"文",他的文里都有很丰富的含义,就是所谓的"微言大义"的春秋笔法。这些"微言大义",孔子是通过他的讲解,把其中的含义阐述出来,讲给学生听的,是用一般的语言讲的。后来孔门后传弟子所编定的《公羊传》《谷梁传》,那种设问回答的话,才近于人们的口头语言。孔子以后,文言与白话的分化越来越明显。文人写文章写诗歌,与他们口头上表达的话不一样,说是一套,手写的是另一套,手写的形成了文字传承系统,口头说的形成了口头传承系统。

　　口头传承的系统后来被文字记下来的,如汉代诸儒的说经(如前说的《公羊传》《谷梁传》),唐代的禅宗的语录,宋明时代的诸子讲学,唐宋以后寺院俗讲,宋元的说话,明代的话本拟话本,历代的民谣、童谣、山歌,等等。经过文字记录,虽然不免有些变样,但依然可以看出不同时代口语与白话的大致样子。

　　口承与文字传承最大的不同在于,口承是用口语与白话表达的。传统中国,特别是乡间村民,他们没有受教育的机会,不识字的人居多。他们用的语言当然不会是艰深的文言,而是他们生活中说的白话。白话是流传于人们口头的不加修饰的鲜活的语言。乡间村民许多人不识字,没有多少文化,但他们出于真情,出于自然,发自内心,故而会很亲切自然,没有文人雕凿的痕迹。广西苗族民歌所谓的"先生教学还有本,山歌无本句句真"①。

二、民间艺人的首创

(1) 口承文化最初也是由人创作出来的。最初总有一个民间作家或艺术家创作出来,这个民间作家或艺术家可能是不知名的,但在流传过程中,每个传播者,同时也是二度创作者,会根据自己的理解、自己的生活经验、自己的叙述方式习惯,对之进行丰富、加工或改编,每个传播过程同时又是加工改编过程。所以我们说口承的民间的文学,不是固定的,有许多变异的可能性。

民间艺术家往往有大致相近的心理,所以会出现同类型的故事,或大致相近的说法。在口承的文化遗产中,常有一种很相近的故事类型。如公冶长懂鸟语的故事,从明清时代就有流传,在全国许多地方都有流传,江苏的靖江、东海,都有相近的说法,微有差异②。又如无锡薛福辰为慈禧治病的传说故事,与常州武进流传的马文植为慈禧看病的故事几乎是一模一样的③。

(2) 有些民间艺人或多或少有一些文化,看过一点书,受书面文化的影响,所以也会出现与书面文化相同或相近的创作。

在文字载体发达之后,识字的人,无不受文字载体影响。有一些口头传说故事是从文字载体中转化而来的,如全国各地关于寒食节的传说,最初就来源于《左传》。六月初六女儿回娘家,北方称之为望夏,起于春秋时晋国。徐州燕子楼关盼盼的故事,见于唐代笔记小说。南京传说《雨花观》,明显是根据刘晨阮肇天台山遇仙

---

① 陈国钧编译《苗夷歌谣》,转引自何其芳《论民歌》。见苑利主编《二十世纪中国民俗学经典·史诗歌谣卷》第121页,社会科学文献出版社,2002年3月版。

② 参见《中国民间故事集成·江苏卷》第36页,中国ISBN中心,1998年12月版。

③ 参见《中国民间故事集成·江苏卷》第199页,中国ISBN中心,1998年12月版。

的同类型故事改编的。

有的故事,由于源头难以追溯,现已不能断定是由传说记入书面,还是由书面演化为传说的。田螺姑娘、白水素女,从西晋到唐代都有这类故事记载。

苏南一带,文化比较发达,识字的下层百姓较多,吴中一带的妇女颇有一些识字的,爱看一些用吴方言写的长篇弹词,或者从小听讲弹词,如《三笑》《双珠凤》《倭袍》《天雨花》《玉蜻蜓》等。受此影响,许多妇女能将长篇弹词成段成段地演唱背诵,时间既久,人们不知其来源,误为民歌。《吴歌丁集》里搜集了好多首这类弹词段落。

(3) 有些民间的文学作品,可能是下层文人,或以卖文为生的"文丐"创作的。冯梦龙的《山歌》里,有些作品就标明了是文人创作的。明清时期,一些书商售卖的民谣歌曲、俗曲说唱小本,其中有的并不是民间作品,多是文人"鬻文"的创作。但时间久了,流传下来,也被当成民间文学的作品对待。这类作品,虽然是文人创作的,但由于符合一般民众的欣赏习惯,能够被接受流传下来,等于是文人代言的民间创作。所以也不能把它排斥在口承文化之外。

三、口头传播中的再创造

口头传播与文字与实物传播相比,传播过程中变化最大。传播过程,其实也是再创作与加工的过程,每个口头传播者,同时又是加工者。可能最初这是一个下层文人"鬻文"的创作,但经过了众多传播者之口,修改、补充、润色,一传十,十传百,越传越广,经过大家的修改加工,也越有味道,渐渐地,它已经成为一首民间集体创作的作品了。有一首广西民歌唱道:"唱歌不是人发颠,也是前朝老人传。一人传三三传九,河水淘沙渐渐深。"[①]说得也是这

---

① 见《广西特种部族歌谣集》,转引自何其芳《论民歌》。见苑利主编《二十世纪中国民俗学经典·史诗歌谣卷》第121页,社会科学文献出版社,2002年3月版。

个道理。

　　再创造的过程,一点也不亚于原创,原创只是提供了一个初稿,属于个人的作品,而流传过程中的再创造,则是不同民众根据自己的理解与欣赏习惯而进行的加工,让它更完善更适应人们的欣赏口味。

　　因此,口承作品,由于流传的地区不同,会有不同的版本。所以经常一首歌谣、一个故事,在两个地区甚至两个人之口,也会略有不同。如同是讲清代大官张玉书的故事《家乡土》,在丹徒传说的是,张玉书帮助家乡镇江香醋客人巧妙地要到了账。宜兴也有这个传说,张玉书所帮的是宜兴的酒客人,所拜的是宜兴的封酒坛的家乡土①。这可能就是流传过程中,不同地区不同传播者加工修改的结果。

四、口头传承的方式

1. 自然传承

　　自然传承是指不以口头讲述为职业,没有行业性的团体,也没有正式师徒关系的传承方式。一个人可以在各种场合,从前辈、师长、平辈或其他什么人那里随时听到一些传说或歌谣,大家劳动中或茶余饭后的聊天交谈中,互相启发,互相传承。民间传说、故事、歌谣等非表演性体裁,大多是这种传承形式。所以,在这样的社会环境里,对于不以此为职业的人来说,自然传承是一个重要的渠道,每个人都会有一些民间的口耳相传的知识。吴歌中《一只橘子抛上天》:"一只橘子抛上天(又作:一把芝麻撒上天),肚里山歌万万千。南京唱到北京去,转来再好唱二三年(一作回来还唱两三年)。"另一首《山歌勿唱忘记多》:"山歌勿唱忘记多,搜搜束束还有两淘箩。一肩挑到五龙桥,压塌子桥门塞断子河。"(《吴歌丙集》)

---

① 《中国民间故事集成·江苏卷》第150页,中国ISBN中心,1998年12月版。

2. 师徒传承

说唱类的艺术，表演性较强。师徒传承分为两类：第一类是家传，父子相传。由于从小耳濡目染，子承父业，从事说唱艺术的。第二类是拜师，拜师学艺、师传徒承。拜师要请拜师酒，签订投师纸（合同），规定学徒时间，一般为二至三年，学徒期间与师傅外出讲经，经济收入全部归师傅，不外出时在师傅家帮做杂务，学徒期满，可以拿师傅的一半收入。佛头授徒以口传为主，即随师傅外出做会，坐于旁边观看听讲，师傅也传授部分简单的手抄本以供学习。由于做会的礼仪繁复，讲唱经卷全凭记忆，就这样辈辈相传。

师徒传承的师承方式有多种，有的口对口教、口传心授；有的重要的内容全靠徒弟死记硬背；或者跟师傅旁边学习，经受严格训练①。

第三节 ｜ 口承文化的母题

"母题是一个故事中最小的、能够持续在传统中的成分。要如此它就必须具有某种不寻常的和动人的力量。"②由于人类社会的某些共性的文化，如历史记忆、心理因素、风俗习惯，会出现一些大致相同的类型，即所谓的母题。口承文化中常有一些共同的母题。

一、先民的共同记忆

洪水传说是各个国家、各个民族的神话里都有的。为什么会这样普遍？这与原始社会时代人们留下的历史记忆有关。上古传

---

① 详见任聘：《从艺人谚语看民间说唱的师承传统》，转引自苑利主编《二十世纪中国民俗学经典·史诗歌谣卷》，社会科学文献出版社，2002年3月版。

② 汤普森著，郑海等译：《世界民间故事分类学》第499页，上海文艺出版社，1991年2月版。

说中的洪水神话，在伊斯兰教《古兰经》中有记载，基督教《旧约·创世记》里也有记载，古代印度人、迦勒底人、阿美尼亚人都有记载①。中国的洪水神话，各民族也都有，分别见之于汉族的《孟子》《淮南子》等书以及云南少数民族的神话传说中。与洪水传说连在一起的，就是兄妹成亲神话，也是许多民族大致都相近的。这是上古时代血缘内班辈婚习俗的遗留在人们心中的记忆。江苏兴化神话中的缸固庄的兄妹成亲的神话，正是这种习俗的反映。中国传统神话里，关于黄帝、尧、稷、契出生的神话，反映了原始先民只知有母不知有父的母系社会的痕迹②。

在江苏，由于处于河湖密布的水乡，地势低洼，历史上曾发生过多次村落沉于湖底的事，在今天的太湖、洪泽湖里都有淹没的古村落遗址。这种有历史记忆也形成各种神话传说，体现在口承故事之中。无锡、江都、淮安一带都有相近的传说。详后论述。

二、相近的心理形成的相近的母题

一个民族或地区，有相近的文化背景，有相近的生活习惯，也有相近的心理。正因为人们心理大致相近或相同，所以在口承中，有许多相近的东西。比如，在汉族传统家庭中，婆媳、姑嫂、妯娌之间的矛盾，是一个共性的现象，在口承文化中，传说、歌谣里这类母题就特别多。

民歌中比如：小姑出嫁后回娘家，爹娘把女儿当作宝，兄长对妹妹爱理不理，嫂子不耐烦，小姑受了兄嫂的气。这是一个共同的母题。在吴歌中就有大同小异的歌谣多篇。胡适《歌谣的比较的研究法的一个例》说："许多歌谣是大同小异的，大同的地方是它

---

① 详见陈登原：《国史旧闻·卷三·初民洪水传说》，中华书局，2000年8月版。
② 这方面事例甚多，不详展开，见钟敬文《钟敬文民俗学论集》中《晚清革命派著作家的民间文艺学·论古帝王的感生神话》，上海文艺出版社，1998年3月版。

本旨,在文学术语上叫作'母题'(motif),小异的地方是随时随地添上的枝叶细节。往往有一个'母题',从北方传到南方,从江苏传到四川,随地加上许多'本地风光',变到末了,几乎句句变了,字字变了,然而我们诚把这些歌谣比较着看,剥去枝叶,仍旧可以看出原来它们同出于一个'母题',这种研究法,叫比较研究法。"① 胡适在文章中,举出了一个母题:一个男子到了未来的丈人家中,看到一个女子,如何如何漂亮,要娶她为妻。这个母题有好几首不同地区的民歌,进行比较会发现它们都有大致相近的共同内容,但在具体叙述上,各有不同,都加入了本地风光。当然也可以看出各地文化水平的高低。不同之处就在于有地方特色。

死后化蝶的母题,有梁山伯与祝英台的故事,他们死后化蝶,这个母题源自韩凭夫妻的故事。晋人干宝的《搜神记》中载,韩凭为战国时宋康王舍人,宋康王见韩凭妻何氏貌美,便霸占为妻,罚韩凭去筑长城,双双以死殉情。韩凭妻暗中腐蚀自己的衣裙,同康王一起登台时,投台自尽,康王伸手去拉,衣服已成灰烬。韩凭妻留遗书,请求康王将她同丈夫合葬,康王却故意将他们分开,他们墓前两棵梓树树根盘结,枝柯交错,有鸳鸯长鸣。这个传说在晋代以后流传很广,到唐代传说他们死后化蝶。盖韩凭妻衣裙腐烂成灰,片片飞起,使人们联想到了蝶。化蝶的意象要比灰片优美得多,也更浪漫。宋《太平寰宇记》引《搜神记》文说:"韩凭妻自尽时,衣带化为蝶。"

"熔铸不成,人跳进熔炉"母题。传说故事中,干将莫邪铸剑不成,干将妻莫邪剪发断爪跳进熔炉内,最后铸造成宝剑②。明初南京铸大钟,也有此类传说。宜兴传说中,唐明皇游月宫,见到神龙

---

① 苑利主编:《二十世纪中国民俗学经典·史诗歌谣卷》第 46 页,社会科学文献出版社,2002 年 3 月版。
② 赵晔:《吴越春秋·卷四·阖闾内传》第 59 页,岳麓书社校注本,2006 年 4 月版。

大缸,遂下令要常州荆溪陶匠制作,陶匠范石林烧造几次都开裂了,不成功,期限已到,眼看只有等死了,陶匠女儿纵身跳入火中,烈火中顿时出现一条金龙,蟠住大缸,唐明皇封此缸为神龙大缸。这一母题有时可以是跳入水中,丹徒传说中南公治水的故事,丹徒石马庙一带,过去经常发大水,当地有一个"海眼"日夜不停地喷水,怎么都堵不住,为了堵"海眼",南公纵身跳进"海眼"里,接着他的子女一个个也跳进去,最后终于堵住了"海眼",治服了洪水①。

此外,传说故事中经常有对对子的母题。宋代张孝祥赶考,夜遇一女鬼,出题目"欲借人间种",他对"难欺天上神"。朝廷考试时正好出题"欲借人间种"②。王安石也遇此类事,赶考路上,看到一家高楼上挂着"走马灯,灯走马,灯熄马停步";考试时考官出联:"飞虎旗,旗飞虎,旗卷虎藏身。"王安石随手就写出"走马灯,灯走马,灯熄马停步"③。

三、相同的风俗环境下的同一母题

童谣里,为了引起孩童的注意,用一种很简单的动作,两个食指相碰,做出斗鸡的样子,一边说"鸡鸡斗,斗鸡鸡,哄哄飞",大概是全国各地的风俗。《吴歌甲集》第1首,《乙集》第6首,《己集》第289首,都有大致相近的语句,不限于苏州,在全国许多地方的童谣里都有。周作人《儿歌之研究》说在北京、杭州有两首和这诗大同小异④。这种逗孩子的风俗在山东、河南等地至今都很常见。

---

① 《中国民间故事集成·江苏卷》第10页,中国ISBN中心,1998年12月版。
② 《中国民间故事集成·江苏卷》第93页,中国ISBN中心,1998年12月版。
③ 《中国民间故事集成·江苏卷》第86页,中国ISBN中心,1998年12月版。
④ 周作人:《儿歌之研究》,见苑利主编《二十世纪中国民俗学经典·史诗歌谣卷》,社会科学文献出版社,2002年3月版。

四、相互影响而产生的同一主题

口承与文字载体之间,常常相互影响,相互借鉴,也产生了许多共同的母题。有了这些母题,才有了不同的类型。

"石狮眼睛出血,城池沉陷。"这可谓传说故事中很常见的相互影响的例子。最早见于《淮南子》,事件发生于江都,干宝《搜神记》卷13讲由拳县。刘之遴《神录》:"由拳县,秦时长水县也。始皇时童谣曰:城门有血,城当陷没为湖。有妪闻之,朝朝往窥。门将欲缚之。妪言其故。后门将以犬血涂门,妪见血,便走去。忽有大水,欲没县。主簿令干入白令。令曰:何忽作鱼? 干曰:明府亦作鱼。遂沦为湖。老母牵狗走六十里,移至伊莱山得免。西南隅乃今有石室,名为神母庙。庙前石上,狗迹犹存。"① 任昉《述异记》卷上记历阳县。

由拳县即松江府太湖边三泖,天和日晴,可见水中井栏街衢。这个传说,应是古人经验相传下来的。同一母题的故事有很多,有浙江传说故事中葛洪的故事;无锡开家基沉陷传说,沉没山阳县,籴出无锡城;泗州大圣菩萨,水淹泗州城。

有的故事来源于文字载体,由于都受这个载体的影响,会出现大致相近的母题。民间传说里有《鸠救刘邦》与《刘秀赐鸟名》这两个故事,可以说是同一类型。《鸠救刘邦》讲的是项羽与刘邦打仗时,刘邦抵挡不过,逃到树丛里,项羽追来时,由于一只鸠落在他上面鸣叫,项羽以为此地没有人,就走了,鸠救了刘邦一命。后来刘邦做了皇帝,有感于鸠的救命之恩,做鸠杖赐给老年人。《刘秀赐鸟名》讲刘秀被王莽追赶,急中生智,逃入灌木丛中,鸠把灌木丛盖得严严实实的,这样刘秀得救了。后来刘秀为纪念鸠的救命之恩,把这种鸟放在宫廷养。这两个故事高度相似,其实都来自《风俗通

---

① 鲁迅:《古小说钩沉》,齐鲁书社,1997年11月版。

义》中的记载。《水经注》引《风俗通义》佚文,《太平御览》卷二九引《三齐纪略》,《太平广记》卷一三五引《殷芸小说》,都有相近的记载,说刘邦逃难隐于井中,有双鸠集其上[①]。刘秀的传说故事,也来源于此,附会于刘秀身上。这两个故事,其实都是受文字载体的影响。

《叶霜林坟前说书》讲扬州说书艺人叶霜林与石庄和尚的技艺水平与友情。故事借鉴了延陵季子坟前挂剑的形式。

南京民间故事里有一个《雨花观》的传说。城南殷府街有一个店,一天店里来个雨花观的石法道人,跟店主谈起话来,说就在城南乱石岗上的道观住,约好第二天店主到道观去玩。第二天,店主如约到了乱石岗,荆棘丛生,走到山上,天上飘下祥云和花朵,彩石铺路,风景优美异常,道人陪店主一边饮茶,一边游览雨花观,山上非常幽静,从楼阁向外望,外面是云海古柏,不觉游览了一天,道士挽留他,店主想起家中老婆孩子,起身告辞,当他踏着雨花石铺成的路回到店中,惊讶地发现迎接他的人,既不是他老伴,也不是小孙子,而是一对年轻夫妇。互不相识,找邻居问,邻居也都不认识了。原来凡世已经过了好多代了,那对年轻的夫妇是他的后代。这个故事,我们一看就会知道,是受了《幽明录》"刘晨阮肇到天台"的影响。

第四节 口头承载的文化信息

口承文化中,生动记录了中国民间社会的真实生活,反映了社会生活的各个方面,包罗万象,是中国民间社会的百科全书。

[①] 见姜彬主编:《中国民间文学大辞典》第 359 页,上海文艺出版社,1992 年 6 月版。

一、生动的社会风俗画

口承文化反映了明清时代的社会风俗画面,主要内容有四个方面。

1. 爱情与婚姻

民歌里绝大多数的主题是爱情与婚姻。通过山歌可以婉转地表达出来。在许多少数民族中,通过对山歌来找对象成为男女恋爱的最主要方式。在江苏的风俗里,亦有青年男女对山歌的习俗,通过对山歌,青年男女互相表达爱慕之情。

在民歌中,不像文人作品那样矜持,往往是直接表达他们真实的想法。如姑娘们希望早日找个心爱的人,早日出嫁生子。吴歌中有一首《姐在楼上绣红裙》①,说姑娘算命,算命先生说三年后将有喜事,姑娘一听,立刻不高兴赶走了算命先生,心想对面的姐妹同年同月同时辰生,人家已经生了两个孩子了,从此不再听算命先生的瞎话了。在乡村生活中,并不像人们想象的那样完全男女授受不亲,一个走街串巷做生意的小伙子,看到一个漂亮的姑娘,出于爱慕之心,不收姑娘的钱,情愿送与姑娘②。

民歌中有许多写姑娘小伙子幽会的诗歌,尽管家里父母看管得很严,姑娘也可以大着胆子与小伙子约会。

2. 田家生活

田家生活没有文人眼里的那么浪漫,他们的生活劳作很辛苦。《耘稻要唱耘稻歌》③:"耘稻要唱耘稻歌,两膀弯弯泥里拖。日头

---

① 《吴歌乙集》第 280 页,见顾颉刚等辑《吴歌·吴歌小史》,江苏古籍出版社,1999 年 8 月版。

② 《吴歌乙集》第 281 页,见顾颉刚等辑《吴歌·吴歌小史》,江苏古籍出版社,1999 年 8 月版。

③ 《吴歌乙集》第 289 页,见顾颉刚等辑《吴歌·吴歌小史》,江苏古籍出版社,1999 年 8 月版。

晒拉背皮上,种田人无法苦处只好做。"《六月日头似火烧》,写小伙子种田辛苦。

口承中反映的家庭生活是不加粉饰的非常真实的农村生活。生活中有快乐,也有许多苦恼。对山歌的爱情固然美好,但生活中的辛酸也比比皆是。有一首民歌唱道:"唱唱山歌散散心,呒笃当我是快活人。吃着朝顿无夜顿,黄连树下来操琴。"①

家庭生活里也充满了一些小小的恩怨,如姑娘对父亲严加看管的不满、小姑子怨哥嫂、姊妹之间的矛盾。

3. 社会风俗

口承文化遗产中展现了全面的社会风俗画面。关于地方的山水、名人、节令习俗、名土特产,都有大量的传说故事。高淳民间故事里叙述高淳本地的耍龙灯,描绘各种各样的龙灯;吴歌里《韩家湾里十条糕》②叙述苏州各种各样的糕点;《正月半》《正月正》③描述农家一年四季的乡村生活。

吴地祛鬼风俗中有这样一则故事。吴人有病,疑为鬼祟,以香在病人前轻拂,病人嘘之。持香者祝曰:"远处他方,别处利市。有乡归乡,无乡入庙堂。"送鬼祟出去,人病就好了。

随着时代的变化,民歌也与时俱进。比如清末的民歌里,"汽笛声,连连叫,轮船火车齐到了。红男绿女无其数,黄包车夫生意好"。

4. 儿童的欢愉之情

还有许多可爱的童谣。萤火虫、油火虫等歌谣。

---

① 《吴歌乙集》第289页,见顾颉刚等辑《吴歌·吴歌小史》,江苏古籍出版社,1999年8月版。

② 《吴歌丙集》,见顾颉刚等辑《吴歌·吴歌小史》,江苏古籍出版社,1999年8月版。

③ 《吴歌己集》,见顾颉刚等辑《吴歌·吴歌小史》,江苏古籍出版社,1999年8月版。

二、百姓心声的直接反映

老百姓往往通过口头歌谣表达他们的心声。前人评价《诗经》的"饥者歌其食,劳者歌其事",汉乐府的"感于哀乐,缘事而发",都是说这些民间集体创作反映了老百姓的心声。早在西周时代,周朝天子就知道通过采诗、献诗,设立采风之官,每年振木铎来了解民风民俗。同时,周天子还让朝廷"公卿列士献诗,瞽献曲",被之管弦,并由这些民间歌谣来观政治得失,这就是我们今天能看到的《诗经》。历代农民起义中都有一些流传的民谣,许多农民起义首领都是利用简短的歌谣作为口号的。如东汉末年黄巾起义中说的"苍天已死,黄天当立。岁在甲子,天下大吉",元代红巾军起义中"石人一只眼,挑动黄河天下反",明末李自成起义中"开了城门迎闯王,闯王来时不纳粮",等等。

民间故事中有许多得宝故事,反映了他们渴望富有,但不是不劳而获,而是善良勤劳。他们得到宝物,并不是想不劳而获,而是通过勤劳而致富。在这类故事中,往往是贫穷、善良本分的人,得到宝物,改变了生活;那些贪心不足的富人即使取得宝物,也没有效果,或反而会受到惩罚。如江苏流传的得宝故事《铁犁老头》叙述母子俩很穷,儿子小秃养一对小猪总长不大,后来一个识宝人经过,要买他的小猪,原来这是一头熬海猪,可以放到海中,熬海取宝,小秃拿到海边,顿见海水低落数丈,龙王派人请小秃前去选自己想要的宝贝,他只要了一个铁犁拐杖,插入海边沙滩,可以得到自己想要的东西。他的堂兄为富不仁,也以同样的方法去试,却一无所获[①]。

口承文化中反映了老百姓的爱憎,他们对清官的歌颂,对贪官

---

① 见姜彬主编:《中国民间文学大辞典》第568页,上海文艺出版社,1992年6月版。

的憎恶,是一种民众的道德评判。苏州百姓流传的对于清官况钟、汤斌的赞扬。丹徒流传的对清官张玉书上书皇帝为当地百姓减轻赋税的事迹。江苏徐州、常州等地都流传乾隆微服私访的故事,批判乾隆调戏妇女的行为,并说其遭刺客狙击①。

此外,如南京南捕厅的传说,王捕头本来是一个小偷,由于有正义感、爱帮助人,而成为捕头,从此以后南京地方上的盗贼一时绝迹。这也是南京甘家大院的由来。

三、民众生活经验与智慧的总结

口承的文化往往很符合一般民众的认识和心理。从生活的逻辑出发,解释自然,解释社会。口承文化在历史上能克服文字的障碍,便于下层百姓对知识的吸收学习。口承文化是历代传下来的生活经验与智慧的结晶,因而具有很大的实用价值。在生产条件不发达、科技手段比较落后的时代,人们的生活经验靠着一代一代人的积累。许多技艺技术都是一代代口耳相传的。如许多关于农事气象的民间谚语。江苏的气候谚语,如"乌头风,白头雨""上看初二三,下看十五六""白露身不露,处暑十八盆""云遮中秋月,雨打上元灯",都是人们生活经验的总结。

在古代社会,一般百姓不识字,没有学习的机会,他们的知识经验主要来源于口承。比如从农业谚语里学到了许多农业知识,从民间传说中了解了许多历史人物、历史知识。有的人并不识字,但可以唱整出的戏剧或许多长篇的歌谣。

口承中有很多充满睿智的故事,如连云港流传的关于卫哲治断狱的故事。卫哲治,河南济源人,生于康熙四十年左右,卒于乾隆二十一年,初任赣榆县县令,后累官至工部尚书,一生清廉、爱民

---

① 《飞箭阻乾隆》,见《中国民间故事集成·江苏卷》第 177 页,中国 ISBN 中心,1998 年 12 月版。

如子,有关他的为民做主机智断案的故事,在江苏、安徽、河南都有流传。东海县流行的《卫哲治问柴棒》《卫哲治断瓜》①,描述他巧妙机智地断案,使好人得救、坏人得惩处,使人们长了智慧。

如南通的民间传说狼山的由来,山是由上天丢落的山秧子长大的,天上的神仙如果把山秧子折断了,山从此就不再长高了。说玉皇大帝要造一个更大的天宫,嫌天上的这些山碍事,要山神把这些山搬到下界。大山搬完后,发现还有十二棵小草样的小山秧子没有搬,将他们拔下,随手丢在东海边上,由于从天上扔下来,用力过猛,束秧绳断了,有的落在海里,有的到了对岸,散落在各处,就成了今天的南通、靖江和对岸苏州的诸山。

童话在教育培养孩子方面的作用更为明显。周作人说:"童话之用,见于教育者,为能长养儿童之想象,日即繁富,感受之力亦益聪矣。"②童话故事里许多物原传说,也是为了教育儿童。口承文化是民间历史的记忆。民间的生活既不是很重要的大事,也没有文人那样的形诸文字,许多历史就靠传说或故事口头传承。

口承文化并不会随文字载体的发达而消亡,即使在电子网络传媒空前发达的今天,口承仍是承载着人类直接的语言传播的重要方式,仍有很大的市场与空间。远的如红军长征、八路军、新四军的传说故事,如江苏丹徒保护陈毅司令的"红妈妈"故事,扬州、泰州有许多新四军时代的传说故事。近的如"大跃进"时期、"文革"时期的许多故事、歌谣、谚语等。就是在当下,流传于口头的传说、歌谣等仍然十分普遍,并借助于一些新的传媒手段如手机、网络更显空前活跃。这些不是主流的文化,而是民间的文化,反映了当代民间的社会现实与人们的思想情感。

---

① 见《中国民间故事集成·江苏卷》第 150-151 页,中国 ISBN 中心,1998 年 12 月版。

② 周作人:《童话研究》,转引自苑利主编《二十世纪中国民俗学经典·传说故事卷》,社会科学文献出版社,2002 年 3 月版。

第三章
江苏口承文化历史发展

江苏的口承有悠久的历史，丰富的资源，但从来没有作过系统的整理。本书尝试着进行梳理，在整个江苏的大背景下，审视口承文化的发展。虽然不免挂一漏万之讥，只是想给人们勾勒出一个江苏口承文化资源的发展轨迹。

第一节 ｜ 原始时期

原始时代没有文字，所有的传播只赖口承。人们对自然与社会认识有限，才会用神话传说等想象进行解释。以至于后来被儒生曲解，如夔一足、黄帝四面之类，使许多口承的资源毁灭无闻。江苏地域，今之所能知道的，只有《弹歌》为最古老的歌谣作品。

东汉赵晔《吴越春秋·勾践阴谋外传》里载有《弹歌》："越王欲谋伐吴，范蠡进善射者陈音。王问曰：'孤闻子善射，道何所生？'音曰：'臣闻弩生于弓，弓生于弹，弹起于古之孝子，不忍见父母为禽兽所食，故作弹以守之。歌曰：断竹，续竹。飞土，逐宍。'"竹是竹子，前两句谓用斫竹做成弓箭，土即弹丸，用来射猎。弓箭起于黄帝之世，刘勰《文心雕龙·章句篇》谓此诗起于黄帝之时，称之为黄歌断竹，说："二言肇于黄世，竹弹之谣是也。"周作人说："古来作吊时节，用是手执弹弓，帮助孝子守其父母的遗尸。"[①]说明可能是后世人在守灵时所用到的歌。

---

① 朱自清：《中国歌谣》第 21 页，作家出版社，1957 年 9 月版。

最古老的二言诗,即二字为韵。《春秋》"昭二十七年"左氏传:吴公子光告专设诸曰:"上国有言曰:'不索,何获?'我王嗣也,吾欲求之。"杜文澜按:"索、获二字为韵。此四字一句中有两韵之例也。"(《古谣谚》卷二)吴公子光所引的此二句,同弹歌一样,盖亦为上古时代的歌谣。

相传大禹之妻涂山氏女所唱的《候人歌》①:"候人兮猗。""兮猗"为感叹词,也是二字为韵。涂山,据史载,有四处以涂山为名,一在安徽怀远,一在安徽当涂,一在浙江会稽,一在四川巴县。四川巴县非禹所到之处,已为《清一统志》诸书辩过。那么其他三个,距江苏都不太远,安徽怀远、当涂都与江苏紧邻,浙江会稽,与吴同属一个方言区,据考证在南方,大概在今安徽南部,与江苏相去不远。乾隆《吴江县志》沈彤认为此歌为吴地最早的一首歌谣。

北方所流行的一些古歌谣,如伊耆氏蜡辞。《礼记·郊特牲》:"土反其宅,水归其壑。昆虫毋作,草木归其泽。"相传尧时的《击壤歌》《康衢童谣》,舜时的《卿云歌》,夏时的《时日曷丧》,都是四言为韵的。二言仅上举二例,可见在原始社会时期南方流行的古歌谣,大约多是二言为韵的。

第二节 | 先秦时期

一、勾吴传说

《书·禹贡》所列的九州,江苏占其二。在南方,"淮海惟扬

---

① 此说出自《帝王世纪》:"禹省南方,涂山之女令其妾候禹于涂山之阳。女作歌,为南音之始。"(清)沈彤:《吴江县志·卷三十九·声歌》,转引自顾颉刚等辑《吴歌·吴歌小史》第651页,江苏古籍出版社,1999年8月版。

州";在北方,"海岱及淮惟徐州"。《尔雅·释地》:"江南曰扬州。"古时扬州、徐州地方广大,与今天不完全一致,但我们今天之所谓的江苏,就在徐扬二州范围之内无疑。

从商代末年泰伯逃到东南,建立勾吴国,在今天江苏的大地上,就有了第一个明确的国度。泰伯的高行,因为孔子的赞扬而被儒家传为佳话。关于泰伯的传说,司马迁《史记》中有详细的记载。泰伯建立勾吴的传说故事,在今天无锡、苏州等地尚有流传。

"诗三百",特别是其中的国风,最早也是民间的作品,是口承的歌谣,后来被采诗官采集,被乐师配乐弦诵,编成《诗经》,才成为书面的诗歌。朱熹《诗集传序》说:"凡诗之所谓风者,多出于里巷歌谣之作,所谓男女相与咏歌,各言其情者也。"《诗经》十五国风收录的都是黄河流域的诗歌,吴越没有收录。今所知吴越歌谣,有以下一些。

二、吴越歌谣

古代南方的民歌。春秋时候鄂君子皙听到《越人歌》,因为听不懂越国的话,译为楚国语言是:"今夕何夕兮,搴舟中流。今日何日兮,得与王子同舟。蒙羞被好兮,不訾诟耻。心几顽而不绝兮,得知王子。山有木兮木有枝,心悦君兮君不知。"①

春秋后期吴国延陵季子季札在出使途中经过徐国,徐国国君喜爱他的宝剑而口不言,但因为他要出使不能相赠,待回来时徐君已死,他不忘承诺,在徐君墓前挂剑而去。后有《徐人歌》歌唱季札,曰:"延陵季子兮不忘故,脱千金之剑兮带丘墓。"可以看做江苏境内比较早的民歌民谣。当然,这些民歌民谣可能都是经过文人的翻译改写了。延陵季子是吴国的贤公子,是孔子所敬慕的人,有

---

① 刘向撰,赵善诒疏证:《说苑疏证》,华东师范大学出版社,1985年2月版。

关他的传说歌谣后世较多。

春秋后期伍子胥为吴王阖闾所唱的《河上歌》①曰:"同病相怜,同忧相捄。惊翔之鸟相随而集。濑下之水因复俱流。胡马望北风立,越燕向日而熙。谁不爱其所近,悲其所思者乎?"

《左传》哀公十三年:吴申叔仪黄池之会上,乞粮于鲁国公孙有山氏,歌曰:"佩玉蘂兮,余无所系之。旨酒一盛兮,余与褐之父睨之。"(《古谣谚》卷二)意谓,虽然有很华美的服饰,但自己却无以系之;虽然有很好的佳肴,但自己看到却不能饮,委婉表达吴王夫差不恤臣下之意。

《吴越春秋》引伍子胥与郑公子胜奔吴,至江,江中有渔父乘船从下方溯水而上,子胥呼之,谓曰"渔父渡我",如是者再,渔父欲渡之,适会旁有人窥之。因而歌曰:"日月昭昭乎侵已驰,与子期乎芦之漪。"子胥即止芦之漪。渔父又歌曰:"日已夕兮余心忧悲,月已驰兮何不渡为? 事浸急兮当奈何?"子胥入船,渔父知其意也,乃渡之千寻。《越绝书》卷一亦载此二歌,字句略同。

上面这几首诗都是吴国的歌谣。

三、范蠡、伍子胥等传说

吴越时代所遗留的,还有大量的传说故事,如《吴越春秋》与《越绝书》都载有吴王夫差女紫玉与书生韩重相爱的故事。紫玉爱上书生韩重,韩重请家人去求婚,遭到夫差断然拒绝,紫玉恨父专横,郁郁而死,葬之阊门外。三年后,韩重求学回来,吊于紫玉墓前,紫玉魂从墓中出来,歌曰:"南山有鸟,北山张罗。鸟既高飞,罗将奈何。意欲从君,谗言孔多。悲结生疾,没命黄垆。命之不造,冤如之何。羽族之长,名为凤凰。一日失雄,三年感伤。虽有众

---

① 见(汉)赵晔:《吴越春秋·卷四·阖闾内传》第63页,岳麓书社校注本,2006年4月版。

鸟,不为匹双。故见鄙姿,逢君辉光。身远心近,何尝暂忘。"

在苏州有许多与夫差、范蠡、西施有关的传说故事,如西施的馆娃宫与紫玉死地"女坟湖"传说。高淳、溧水都有许多伍子胥的传说,无锡等地有范蠡西施的传说。

四、彭祖传说仙话

在江苏北部,商代是东夷部落所居之地,传说中的商汤就是从这一代起家,逐渐由此向西进入到夏的中心地区,到今天开封中牟地区时,开始剪灭夏的属国葛,发起对夏的攻势。有关商人的祖先契,以及他的孙子相土,一直到商汤的传说,最初就是从这里开始的。

苏北徐州,是古彭国所在地,有关彭祖的传说,在春秋战国时代也开始兴盛起来。传说彭祖长寿八百年,《庄子·逍遥游》中说:"彭祖乃今以久特闻,众人匹之,不亦悲乎?"

第三节 | 汉魏六朝时期

一、刘项争雄的英雄传说与歌谣

战国时代,江苏南部属吴,北部属楚。秦朝短期统一后,秦末六国复立,江苏又属于楚国。秦末农民起义中,项羽、刘邦皆是出生于楚国,刘邦为砀郡长,在沛县;项羽为西楚霸王,在今江苏宿迁一带;刘、项的许多干将,也是楚人,如依于刘邦的韩信。在这个英雄争霸的年代,自然会有许多英雄传说故事流传下来。司马迁《史记》中《高帝本纪》《项羽本纪》《淮阴侯列传》曾收集了他所听到的许多民间传说故事。如刘邦少年时的无赖行为,项羽少年时代的不好读书,霸王别姬的故事,韩信年轻时的落拓不遇、漂母赠饭、胯下之辱,等等,都是太史公当年游于江淮间从民间搜集到的故事。今天在沛县和宿迁还有一些关于刘、项的传说故事。虽然时代变迁,口承的变异很大,已经不能把它当成历史资料了,但说明英雄的时代不会磨灭,仍然多少留存在人们的记忆中。

在这个时代,还留下一些歌谣,如项羽临失败前悲壮的《垓下歌》:"力拔山兮气盖世,时不利兮骓不逝,骓不逝兮可奈何,虞兮虞兮奈若何。"充满英雄末路的悲壮之气。这是楚国的徒歌,也就是不需要任何音乐伴奏的随口而唱的民歌。

刘邦后来取得了胜利,做了皇帝,他衣锦还乡,回到沛时,想起当年不事产业,被父亲责备,被兄嫂白眼,现在已成了皇帝,那是何等的自豪,他宴饮父老乡亲,酒酣之后,击筑高歌:"大风起兮云飞扬,威加海内兮归故乡,安得猛士兮守四方。"这就是著名的《大风歌》,并召沛中儿童120人,高祖亲自教他们唱。

二、东海孝妇的传说

西汉中期,东海郡(今连云港)有个孝妇,名周青。其年少无子,守寡,孝养其婆婆十年,婆婆不忍心其年纪轻轻无子无女守一辈子寡,让她改嫁,她始终不肯。婆婆担心以后耽误孝妇而自杀。婆婆的女儿,告孝妇谋杀婆婆。官吏严刑逼供,屈打成招,太守定孝妇死罪。东海县狱吏于公认为孝妇孝养婆婆十年,以孝闻名,不可能是孝妇谋杀,数为辩诬。不能得,乃抱其具狱,哭于太守府上,并愤而辞去其职。但太守还是杀了孝妇,郡中因此三年大旱无雨。后任太守来,卜问旱故,于公详细说明了孝妇蒙冤被杀之事。后太守杀牛自祭于孝妇冢,因表其墓,天乃大雨。这个故事发生在汉武帝时,于公,就是宣帝时宰相于定国的父亲,当时影响很大,郡中百姓为于公立生祠。西汉末刘向《说苑》卷五具载其事,班固《汉书·于定国传》也详细写了此事。这个故事后来流传极广,如东晋干宝《搜神记》、南朝宋王韶《孝子传》都有记载,情节更加丰富。到了元代,戏曲家关汉卿以这个传说为基础,创作了著名的杂剧《窦娥冤》。

三、谶纬之风下的童谣

汉代谶纬之风盛行,童谣民谣在当时成为一种很神秘的东西,似乎未卜先知。许多事情,都要借助于童谣民谣宣传来造声势,给人一种"前定"的感觉。东汉末黄巾起义利用童谣说:"苍天已死,黄天当立,岁在甲子,天下大吉。"这种童谣,并不能算民间集体创作,只是某些人利用童谣的形式,编造童谣,为某种目的作宣传。历史上这类假童谣很多。童谣民谣本来是百姓生活的自然反映,反映老百姓的看法,它的作用是可以观民风之得失,只是谶纬之风,把它神秘化,变成了迷信。两晋时代,民谣童谣之风更盛。三国时吴孙权即位前,吴中有童谣:"黄金车,班兰耳,闾门外,出天子。"有周瑜谣:"曲有误,周郎顾。"①东吴末孙皓准备由建邺迁都武昌时,百姓不满,有民谣曰:"宁饮建康水,不食武昌鱼。宁还建邺死,不止武昌居。"②晋灭东吴后,江南有民谣曰:"局缩肉,数横目,中国当败吴当复。"又曰:"宫门柱,且莫朽,吴当复在三十年后。"又曰:"鸡鸣不拊翼,吴复不用力。"③这都是当时建康一带的民谣,可见吴地百姓希望吴能复国,卷土重来。至此时,魏蜀吴三国全都灭亡了,只剩下由魏篡权的司马氏了。所以南郡又有民谣曰:"三公锄,司马如。"④

东晋时有兖州刺史王恭拥征讨尚书左仆射王国宝占据京口(今镇江丹徒),晋室杀了王国宝,明年王恭自己再反京口有谣曰:"昔年食白饭,今年食麦麸。天公诛谪汝,教汝捻咙喉。咙喉喝复

---

① ② 《三国志·吴书·孙权传》,转引自杜文澜《古谣谚》卷七,中华书局,1958年1月版。

③ 《三国志·吴书·陆凯传》,转引自杜文澜《古谣谚》卷七,中华书局,1958年1月版。

④ 皆引自杜文澜《古谣谚》卷八,中华书局,1958年1月版。

喝,京口败复败。"之后又有一首民谣说:"黄雌鸡,莫作雄父啼。一旦去毛衣,衣被拉飒栖。"①东晋吴郡太守邓攸清廉,行政清明,为中兴贤太守。后称疾去职,百姓数千人遮道留牵,不得去,至半夜才偷偷离开。吴郡谣曰:"纻如打五鼓,鸡鸣天欲曙,邓公拖不留,谢公推不去。"②

四、魏晋六朝名士传说

魏晋时代,是一个名士辈出的时代,所谓的名士风度,于斯为盛。六朝时代以南京为都城,这些名士在诸如《世说新语》《启颜录》等书中,固然有记载,在民间也有关于他们的众多的传说故事。如关于王羲之、顾恺之、戴逵等书法绘画的传说故事。如顾恺之为南京瓦官寺画佛像的故事,顾恺之画美女的传说。有的传说,可能有一些史书的影子,有的完全不见于史籍,是来自民间的智慧。

五、南朝乐府"吴声歌"

江苏民歌到了魏晋南北朝时期,是一个硕果累累的时代,从汉代而来的乐府,在曹魏时改称清商署,所收集的南方的音乐为清商曲。现在所看到的南朝吴声歌曲,是东吴时代的。吴声歌,又称吴歌,或吴歌杂曲,主要集中在以南京为中心的江南地区。《晋书·乐志》:"吴歌杂曲并出江南,东晋以后,稍有增广。其始皆徒歌,既而被之管弦。盖自永嘉渡江以后,下及梁陈,咸都建邺,吴声歌曲起于此也。"《古今乐录》:"吴声十曲,一曰《子夜》,二曰《上柱》,三曰《凤将雏》,四曰《上声》,五曰《欢闻》,六曰《欢闻变》,七曰《前溪》,八曰《阿子》,九曰《丁督护》,十曰《团扇郎》。"在郭茂倩《乐府诗集》里,《神弦曲》《懊侬歌》《碧玉》《桃叶》《读曲歌》《华山畿》都属

---

① 此两首歌谣均见《宋书·五行志》,中华书局校本,1987年1月版。
② 《晋书·邓攸传》,中华书局校本,1987年1月版。

于吴声歌曲。吴歌大都是写男女相思相爱的歌曲,篇幅短小,声调婉转,极清新缠绵,歌词含蓄,多用比喻与谐音双关手法,言在此而意在彼。如《碧玉歌》其一:"碧玉破瓜时,相为情颠倒。感郎不羞郎,回身就郎抱。"以《西洲曲》最为优美。《子夜四时歌》因为笔调优美,在后来被许多文人模仿创作。

六、神怪故事

魏晋六朝时代是一个鬼神迷信思想很浓的时期。道教开始在全国有了快速的发展,从印度传来的佛教,从东汉时代进入中国,要切合中国人的习惯,就要满足中国民众的一般要求。在一般中国人心中,佛与菩萨也如道教神仙一样,都是成神成仙的。一句话,就是死后有鬼魂的。

所以那个时代,有特别浓厚的鬼神信仰的风气,我们从干宝的《搜神记》、刘义庆的《幽明录》、任昉的《述异记》等很多书名都可以看出是有关鬼神的传说故事。有神论在这个时候,是占绝对优势的。所以范缜的《神灭论》在那个时代只能是孤军奋战,尽管他很善辩,他的文章很有说服力,却不能使一般人信服。南朝在这个时候,是一个佛教、道教都非常盛行的时代,梁武帝的提倡,三次舍身同泰寺,讲经说法,使南朝的佛教香火空前旺盛。杜牧所谓的"南朝四百八十寺",并不是夸张之辞。道教在此时也是大发展时期,江苏茅山是道教的重要发祥地。道教中的三茅真君,茅盈、茅固、茅衷兄弟三人在此修道成仙,故名茅山。其后有葛洪、陆修静等,有众仙话流传。道教中有一个东陵圣母,是扬州海陵(今泰州)人,跟随刘纲学仙术,能变形隐身,以仙术为人治病。其丈夫杜氏不信仙道,诉于官府,官府把圣母关在狱中,圣母能从狱窗中飞出,很多人目睹她飞入云中,当地人为她立庙祭祀。广陵传说还有一个长寿女人"茶姥",一直在广陵卖茶水,从东晋南渡时有人就看见她在卖茶,但一直到了后世百来年,一直是七十岁左右的样子,天天卖茶,桶中的茶水却不见减少,后来官府把她抓起来,关进监牢,她带着茶桶从狱中飞了出去。这两个女仙,都见于杜光庭的《墉城集仙录》。在南京也有许多鬼神的传说,如蒋山的山神蒋子文,他的妹妹青溪小姑,在那个时代都是很神秘的,留下不少动人的鬼神传说。南朝刘宋时康王夺书生韩凭之妻故事,更成为一个经常被人引用的典故,不一而足。

第四节 | 隋唐五代时期

一、隋炀帝下扬州

隋唐时代,扬州是一个经济很发达的大都会,是很多人都非常向往的地方。李白的"烟花三月下扬州"诗句,固然很吸引人,当时流行的话"腰缠十万贯,骑鹤下扬州"尤其代表了一般人对扬州的向往。隋代时开凿的大运河,把杭州与洛阳通过运河连在一起。隋炀帝大业从洛阳坐七宝金玉之龙舟游扬州,从汴京至扬州,遍插和平共处垂柳,每船牵龙舟用彩缆十条,从吴越间取民女十五岁以上的五百人,那种奢华的场面,在当时就有各种各样的传说。隋炀帝死于扬州,传说隋炀帝游扬州,恍惚间梦到陈后主陈叔宝来拜谒,说:闻已开汴水,因作诗以献,云云。后来果然死于扬州。扬州有不少关于隋炀帝如隋炀帝陵的传说,也留下许多民歌民谣。当时有《挽舟者歌》:"我兄征辽东,饿死青山下。今我挽龙舟,又困隋堤道。方今天下饥,路粮无些少。前去三千里,此身安可保。寒骨枕荒沙,幽魂泣烟草。悲损闺内妻,望断吾家老。安得义男儿,悯此无主尸。引其魂魄回,负其白骨归。"① 又有民歌《江水何泠泠》:

---

① 载(宋)刘斧:《青琐高议·隋炀帝海山记》,上海古籍出版社,1983年5月版。

"江水何泠泠,杨柳何青青。人今正好乐,已复戍彭城。"

二、唐代吴歌与俗曲

唐代是诗歌的黄金时代,在正统的诗坛之外,源自民间的民歌也很发达。在敦煌石窟里,人们发现了许多唐代民间流行的民歌俗曲。

到了唐代,六朝以来流行的吴歌,受到许多诗人喜欢,著名诗人李白、白居易、刘禹锡等,都有模仿吴歌创作的具有民歌风格的诗篇。如李白有《乌栖曲》《丁督护歌》《子夜吴歌》等。唐代的吴歌流行的范围不限于江苏、浙江,区域扩大,原来湖北江陵西曲歌的区域,也都流行吴歌了。如西曲歌《江陵女歌》《黄竹子歌》到了唐代都称为吴歌了。《乐府诗集》说:"《黄竹子歌》《江陵女歌》,皆今时吴歌也。"① 浙江的民歌也叫吴歌。五代初,钱镠被梁太祖封为吴越王,衣锦还乡,回到浙江杭州,宴请众乡亲。席间,他自唱《还乡歌》,发现乡亲们都不太懂,于是他"高揭吴喉唱山歌",用家乡方言唱起山歌:"你辈见侬底欢喜,别是一般滋味子,永在我侬心子里。"② 唐代江苏扬州一带有一个流动演出唱歌的家庭戏班,主角是刘采春,带着丈夫和妹妹几个人,在扬州一代民间演出。后来她到了浙江,曾经为大诗人元稹演出《啰唝曲》,一曲唱完,"闺妇行人莫不涟泣",从其内容看,所唱也当是吴歌,如:"不喜秦淮水,生憎江上船。载儿妇婿去,经岁又经年。""莫作商人妇,金钗当卜钱。朝朝江口望,错认几人船。"③ 可见这在当时是非常流行的。

唐代的民歌里已经有了后世民间俗曲的许多曲调,如在敦

---

① (宋)郭茂倩:《乐府诗集》卷四十七引唐李康成话,中华书局,1982年5月版。
② (宋)僧文莹:《湘山野录》,中华书局,1984年7月版。
③ (宋)范摅:《云溪友议》卷下,中华书局,2017年1月版。

煌石室中发现的唐代的俗曲有《叹五更》《五更转》《十二月调》《莲花落》等多种，这些都是后世江苏民歌与说唱中经常出现的曲目。

第五节 ｜ 宋元时期

一、宋元时代吴地讲唱

宋元时期城市经济繁荣，商品发展，在南方特别是江南一带，民间的娱乐活动很丰富。从唐代寺院里兴起的俗讲与变文，到了宋代，就变成了世俗讲唱的艺术。讲场的地点也由原来的寺院变为城市中的勾栏瓦舍，以讲说为主的，有说话，分为小说、讲史、说经、说参请等，以唱为主的有诸宫调、唱赚、弹唱等。吴中一带，因为经济的繁荣，这类的娱乐项目很多。在庙会中有各种各样说话、曲艺等演出。在南渡之后，南方的杭州、苏州成为南宋最发达的地方。仅宋代的笔记如《东京梦华录》《西湖老人繁胜录》《梦粱录》所记载的说书艺人就有一百多位。元代时苏州的书会盛行，说唱小说故事颇多。

二、宋代的民歌民谣

南宋初年吴歌中有"月子弯弯照九州"。话本《冯玉梅团圆》入话：吴歌"月子弯弯照九州，几家欢乐几家愁。几家夫妇同罗帐，几家飘散在外头。"此歌出自南宋朝建炎年间，述民间离乱之苦。只因宣和失政，奸佞专权，延至靖康，金虏凌城，掳了徽钦二帝北去。康王泥马渡江，弃了汴京，偏娄一隅，改元建炎。其时东京一路百姓，惧怕鞑掳，都随车驾南渡，又被虏骑追赶。兵火之际，东逃西躲，不知拆散了多少骨肉。往往父子夫妻终身不复相见。其中又有几个散而复合的,民间把作新闻传说。① 此歌一直唱到现代仍在流行(《吴歌乙集》)。此曲可能当时流行颇广。南宋时丹阳民歌《张哥哥》竟然用到这一句。杨万里《诚斋集》里,说夜间乘船经过丹阳,听到外面船工纤夫所唱的号子,"一休休,二休休,月子弯弯照九州。"还有一首:"张哥哥,李哥哥,大家一起着力拖。"②

宋元时代江南的风俗,有一种特殊的民歌——喜歌。孟元老《东京梦华录》记载,在新婚时有闹洞房、唱喜歌、撒帐歌的习俗。新婚夫妇入洞房坐床,妇女以金钱彩果撒掷,谓之撒帐。宋元话本小说《快嘴李翠莲》中有《撒帐歌》。这种风俗从宋元起,在江苏民俗中颇为盛行。

三、弹词与宝卷的出现

明清江南民间特别流行的两种口承——弹词与宝卷,都在宋代就已经出现。宝卷是唐代变文的"嫡派子孙"(郑振铎语),最早的宝卷是宋普明禅师的《香山宝卷》,北京图书馆藏有宋元抄本的《销释真空宝卷》,郑振铎先生藏有元末明初的《目连救母出离地狱升天宝卷》。宝卷作为下层百姓民间的一种宗教信仰兼娱乐活动,很有市场。小说《金瓶梅》里曾记当时宣卷的情形。元代吴中一带就有了弹词,臧懋循《负苞堂集》载:元末杨维桢避居吴中,曾著《四游记》弹词,则在元末,弹词已经出现了。弹词,就是弹唱词话,是用琵琶伴奏的说唱故事形式。在明清以后,成为南方最主要的说唱艺术。它与吴歌有着密切的关系。

---

① 转引自武文等编:《中国民间文学古典文献辑论》第 366 页,民族出版社,2006 年 8 月版。

② 杨万里:《诚斋集》卷二十八,四部丛刊初编本,上海书店,1989 年 3 月版。

第六节 │ 明清近代时期

一、明清传说故事

明清时期,江南文人辈出,文化发达,全国的科举考试有近一半都出自江南,尤以江浙两地居多。文人才子多,才子佳人小说与传说也就相应地格外发达。明清时期的传说中,关于苏州文人"江南四大才子"的传说故事盛行。唐伯虎、祝枝山、文征明、周文彬(一说沈周)是民间最有传奇色彩的人物,其中唐伯虎的传说最多,直到现在都流传不衰。明清时期江浙众多的状元、榜眼、探花、解元等等的故事,始终是民间最感兴趣的。围绕他们产生了无数的传奇故事,如南京的焦竑、秦大力,无锡的唐皋,苏州的洪钧、陆润庠。还有些虽不一定有很高的科名,才子佳人也是人们感兴趣的话题。有关才子佳人的传说故事,江苏特别多,如南京的"秦淮八艳",侯方域与李香君、钱谦益与柳如是、冒辟疆与董小宛等以及后来清末的洪钧与赛金花等,不仅流行于民间,文人也把他们编为戏曲小说影视,广为流传。

由才子佳人到帝王将相,明清时期关于帝王"下江南"的传说也很多,如正德下江南、康熙下江南、乾隆下江南等。江苏各地都有这类传说故事,民间的传说比起文人笔下的传说,并没有那么浪漫,往往是以讽刺的笔调为主。如张玉书三戏乾隆,说明小小的镇江,有才学的人多得是。乾隆下常州,批评乾隆下江南寻欢作乐、骚扰百姓。

二、明清时调俗曲

明代江南城市商品经济的发展,城市生活空前繁荣,通俗的市井文艺有了蓬勃的发展,前代的诗词早已衰落,就是元代特别盛行的散曲,在明代也风光不再,让位于更有民间趣味的时调小曲。明代文人的提倡也是民间时调小曲发展的重要因素。"公安三袁"反对前后七子的复古,甚至也反对唐宋派的观点,主张"独抒性灵",他们认为民歌才是真正的文学。袁宏道说:"吾谓今之诗文不传矣。其万一传者,或今闾里妇人孺子所唱《劈玉歌》《打草竿》之类犹是无闻无识,真人所作,故多真声。"就连提倡复古的前后七子,也开始重视民间文学中所蕴含的有价值的歌谣,对民间的俗曲时调,给予高度评价。前七子之一的李梦阳、何景明等人,都以民间俗曲作为诗歌的榜样。李开先《词谑·实时调》说,"有学诗文于李崆峒者,自旁郡之汴省,崆峒教以:'若似得传唱《锁南枝》,则诗文无以加矣。'请问其详,崆峒告以:'不能记也,只在街市上闲行,必有唱者。'越数日,果闻之,喜跃如获重宝。即至崆峒处谢曰:'诚如尊教。'何大复至汴省,亦酷爱之。曰:'时调中状元也。若十五国风,出诸里巷妇女之口者,情词婉曲,自非后世诗人墨客操觚染翰刻内流血所能及者,以其真也。'"李梦阳《诗集自序》里引时人王叔武的话,说:"真诗乃在民间。"

中期嘉靖开始,这些俗曲与吴歌结合起来,成为江南一带特别流行的歌曲。这些俗曲主要有《醉太平》《山坡羊》《驻云飞》《银钮丝》《叠叠锦》《寄生草》《挂枝儿》等曲调。

明代冯梦龙对民间的俗曲更是推崇备至,搜集编印刻印了《山歌》《挂枝儿》等吴歌作品集。冯梦龙的《山歌》《挂枝儿》、清代《天籁集》《广天籁集》,连唱词中的衬字也都一一记录下来,很能体现吴歌的原貌。在冯梦龙之前已经有人收集吴歌。明王骥德《曲律》提到过"吴中新刻一帙"。明代万历年间在苏南一代不仅流行吴歌,其他地方的乐曲也在这里流行,如安徽桐城的民歌在江南也颇流行,冯梦龙辑《桐城时兴歌》。《酉阳杂俎》赵美琦序:"吴中缠市闹处,辄有书籍列于檐部下,谓之书摊子。所鬻者悉小说、门事、唱本之类。"门事也是说唱艺术的一种。明代田汝成《西湖游览志》中收集了一些流行于浙江杭州的吴歌。

三、民间说唱

江苏民间说唱的最重要的形式是弹词,弹词的前身是宋时的陶真。元末开始有了弹词的记载,在明代中期开始流行。初期的弹词用琵琶伴奏,清代中期以后,在北方主要用鼓板击节,后来称为鼓词。在南方仍用琵琶,与吴方言结合,出现了吴语弹词,在苏南很盛行。演唱弹词是当时最重要的一种民间娱乐形式。弹词主要说唱评话小说故事,举凡历史故事、传奇故事都可以演说,大多用七言诗的形式,偶有宾白。吴语弹词是长篇的说唱,其中往往会用优美的或大家较熟悉的民歌开篇,弹词开篇保留了大量的吴歌。中间也会夹一些民间歌曲,以引起听众的兴趣,所以弹词与吴歌的关系非常密切,有的弹词如《天雨花》《笔生华》《赵圣关》《沈七哥》就是吴歌中的长篇叙事诗。吴歌民间艺人多数都在少年时代听过弹词,而能唱出长篇的吴歌叙事诗。

在大概清代中期乾、嘉年间,江苏两种主要的说唱艺术——扬州清曲、南京白局。扬州清曲是在民歌基础上发展起来的,把民间的徒歌配上乐,以唱为主,兼有说白。乾隆间李斗的《扬州画舫录》最早记载了这种艺术形式。那时称为小唱,后来称为广陵清曲或维扬清曲,分只曲与套曲。只曲只有一片的曲子,唱民歌。套曲主要是用来说唱故事。说唱故事范围很广,既可以是幽默的小段故事,也可以是小说戏曲故事,还可以是自编的反映生活的段子。扬州清曲主要流行于扬州、镇江一带。

南京白局用南京方言说唱民歌小调,主要流行于南京,它是一种在织锦工人中流行的说唱艺术。清代中期形成,带有群众自娱自乐性质,或在喜庆时登台献艺,不取报酬,故称白局。

清末在苏州、上海、杭州一带流行的还有钹子书和小热昏,这两样是产生于上海的说唱。钹子书分西乡调、东乡调,又称浦东说书;

小热昏原来是叫卖梨膏糖的,后来用它来演唱时事新闻或民间故事。小热昏是一种小铜锣,用来伴奏。清末民国时期在苏州、昆山一带特别盛行。

此外,还有在广大乡间很流行的宣卷。宣卷是民间做会的产物,往往是在人们祝寿、欢庆、祛病或延寿祈福时请佛道(或非佛非道的民间"佛头")来做各种会,如观音会、大圣会、菩萨会、明路会等。在做会的时候,讲经宣卷,后来做会的成分越来越少,宣卷的色彩越来越浓,宣卷变成了一种民间的娱乐了。

四、民国以来

清末至民国以后,由于西方石印技术的普及,石印小本的说唱小调、俗曲印卖得很多,许多笑话、民歌民谣、说唱故事,不单纯是口头流传了,在城市里随时可以买到各种时兴的石印小唱本。石印小唱本的普及,对于口承有很大的帮助,人们把它当作一种娱乐消遣,对传播文化起到重要作用。

清末民国以来江苏小调《茉莉花》兴起。苏州有关茉莉花的传说故事也很多。

二十世纪初,随着西学的兴起,在民歌中又有一种知识歌谣兴起,还有表现各地风光的歌流行,最早最出名的是《无锡景》,后来有了《苏州景》《无锡风物山歌》。具体可分为三类:一类是专夸某一地的富丽景致;一类是泛述各地风光和产品;一类是描述节序风光的唱词。第一类最通行的如苏州景致、无锡景致、上海景致之类①。

民国时太湖流域最流行的有《孟姜女十二月花名》,几乎没有一个女子不会唱。"正月里梅花是新春,家家户户点红灯。别家丈

---

① 顾颉刚:《吴歌小史》,见《顾颉刚民俗学论集》第328页,上海文艺出版社,1998年10月版。

夫团团聚,奴家丈夫造长城……四月蔷薇养蚕忙,姑嫂双双去采桑。菜篮挂拉桑树上,勒把眼泪勒把桑……六月荷花热难当,蚊虫飞来以胸膛。宁可吃奴千口血,莫叮奴夫万喜良……九月菊花是重阳,重阳美酒菊花香。满满斟杯奴不喝,无夫饮酒不成双。"

民国初年起,北京大学民俗学社对民俗与歌谣进行了收集研究。北京大学在1917年着手征集歌谣,刘半农主其事,收集了两万首歌谣。1919年,顾颉刚搜集苏州地区吴歌,一百首,加上注解、释义、考证,编为《吴歌甲集》。原来学堂不普遍的时候,歌谣就是孩子们从小的启蒙教育,由父母家庭或街里孩童们传播。顾颉刚说:"自从设立学校以来,都市中的小孩子大都唱着学校中的歌词了。教育日渐普及,乡间也都要这样。所以现在二三十年间不去搜集,这些可爱的东西便有失传的危险。"(《苏州的歌谣》)

顾颉刚、刘半农收集民歌,忠实记录方言,不作任何文人的修饰加工,给我们提供了真实可靠的民歌文本,这是以前文人所没有做到的。周作人对此给予极高的评价①。五四运动以后顾颉刚搜集出版《吴歌甲集》、王翼之编集《吴歌乙集》等多种吴歌文本。20世纪80年代以后,苏州市文联又编了《吴歌新集》,记录当代流传的民歌。

中华人民共和国成立以后,我们也有过几次民歌或民间故事的收集,但由于有了固定的目的,也就是从阶级斗争的目的出发,反映地主对农民的剥削,或者为其他政治目的如"大跃进"而收集,所收集到的都是反映地主与农民矛盾与斗争的故事、歌谣。如大量的"地主与长工"的故事,反映"阶级斗争"的民歌,有的甚至把许多写爱情的、写风俗的口承文学删除不收。这是很不科学的态度。

---

① 周作人为刘复编《江阴船歌》所作的序,见王煦华《吴歌戊集》,《吴歌·吴歌小史》,江苏古籍出版社,1999年8月版。

口承文化并不会随着网络的发达而消逝,今天我们仍然有大量的口承文化在产生,并在口承中创造、加工,还有许多流于口头的诗歌、谚语、传说故事,而且具有我们这个时代典型的特点,有待于后来的整理与收集。

第四章
江苏的俗语谚语

白话与口语是口承文化的基础,谚语俗语、民歌民谣、民间传说都因为自己的方言而产生,也因为方言而有自己的文化内涵与特点。

第一节 | 江苏方言与俗语谚语

方言是一种语言的地方变体,由于地区的差异,在语音、词汇、语法上有自己的特点。从大的方面讲,全国主要有北方话、吴语、粤语、闽语等方言区。每个方言区又分为几个次方言区。

一、江苏的方言区

江苏的方言比较复杂,南北差异很大,苏南为吴方言,苏北属北方话系统。

在北方话系统中,又分属两个次方言区:徐州、连云港为北方话中的北方方言;淮安、盐城、南通、泰州、扬州、镇江、南京等为北方话系统中的江淮方言。

北方话是全国最大的方言区,江淮方言区是北方方言与吴语区的过渡地带。

江淮区域是南北方言交汇之地,方言的差异也比较明显,大致又可分为通泰方言、宁扬方言和盐淮方言。其中,南京因为历史上曾多次作为首都,是"官话"区域,其方言更多地接近北方方言。江淮方言区地理位置特殊兼具了南北方言的特点,也兼具了南北民歌的特征旋律。

吴方言是保存古音较多的方言,如有清浊声母之分,"冻"和"洞"声母不一样,有短促的入声字,保留一些古代词汇与读音。日本汉字字音中,有一种吴音,就是从六朝时输入的吴语,称"南音"。吴语歌曲的主要风格是曲折婉转、清丽流畅、回润而细腻柔和,造成这种风格的主要原因之一,就在于吴方言特有的字调和独特的字音的声韵结构。

二、方言对口承文化的影响

虽然各地之间并不是完全隔绝的,不同的省份地区之间会有很多交流,互为影响,但外来的所有影响,都有方言的改编在内。即使同一个文本,各地的口承都不会一致,总有各地细微的差别。如同样一首民歌,在北方的流传与南方的流传都不太一致。方言的影响,主要在以下几方面:一是方言土语。各地的方言都会带上自己的方言土语,只是历史上许多文本在官方记载时,会改成文言文,抹杀了方言土语的特色。二是词汇。不同的方言,其词汇不同,所以一首民歌,在不同的地方流传,就会有不同的词汇来表达。三是方言读音。在读说或歌唱时,不同的方言有很大的差别,有其地方风味或韵味,如一首民歌,在徐州话里是刚健豪爽的;但到了苏州话里,就会增加了几分婉转。人们的方言经过提炼加工,概括出的包含一定道理或经验的语言,因被人们广泛引用,而成为俗语谚语。

三、不同的方言下有不同的俗语与谚语

俗语与谚语,是口承文化中最小的单元,是非常短小的口头表达的形式,可以说是其他口承形式的基础。俗语,就是广泛流行的话语,这些话往往简练形象,包含一定的哲理或为人处世的道理,能够给人以启示,因而常常为人所引用。谚语,是整齐对偶、定型

的句子概括的生活生产经验,与俗语相似,只不过跟俗语相比,谚语更近于格言。在一些研究中,常把歌谣与谚语放在一起,我认为,歌谣都是能歌唱的、押韵的韵文;而谚语虽然有押韵的,但很多并不押韵,不是韵文,而且都不能歌唱,所以,谚语与歌谣并不是一类,谚语是俗语的一种,是定型整齐的俗语,所以本课题把谚语与俗语放在一起论述。除了俗语与谚语之外,民间笑话、谜语、歇后语等也是很简短的口头表达的形式,与俗语谚语具有同类的性质,不再专门论述。

第二节 │ 江苏方言俗语探源

笔者从小并不生长在吴方言区,对吴方言词没有研究,但在整理靖江讲经宝卷时,看到一些词语与俗语,对其中一部分词进行一个探源工作,既不全面,也不系统,仅仅是以此为例,看看方言俗语深厚的背景与内涵。吴方言中保留了大量古语成分,一些方言俗语有很丰富的内涵。

一、吴方言特殊词释义

傣:你。就像"我",有的地方称"俺","你"有时称"傣",一般说来,称俺、傣显得更亲近一些。

能:即"恁"音之转。意思是那样,如"海能深",就是像海那样深。

底高:靖江方言中,底高就是为什么或哪个的意思。"底",唐宋时代的一个疑问代词,意指"什么","高",即个的音转,"底高"即"哪个"。

如苏州话里"落个",就是"哪个"。《吴歌甲集》中有首《碰碰门》:"碰碰门,落个?隔壁张小大。"①在苏州话里,"若个"发音近"陆顾",顾颉刚在注中先引旧说,旧时陆、顾是苏州两个大姓,一般不是陆,就是顾,"陆顾"意思"是陆还是顾"。然后加以纠正,从两个字的音上加以辨析,"陆顾"就是"落个"。若进一步解释,其实就是唐人"若个"的转音,唐代"若个"就是"哪个"的意思。唐卢照邻《行路难》:"若个游人不竞攀,若个倡家不来折。"李贺《南园之五》:"请君暂上凌烟阁,若个书生万户侯?"再后来变为"哪个"。在吴方言里,"若""哪"两个字,声母都读"L"音,音相近。所以现在所说的"哪个"应当是从"若个"这个词讹转来的。他又说:"按,现在苏州城中人言'落个'的已少,或言'啥人'或言'落里一个',唯乡间言'落个'的尚多。"

张:张望,看望。看望病人,叫"张病"。

纳亨:怎样,苏州方言,《吴歌甲集》"一鬎鬁生病":"啥人哭,蚊子哭。蚊子纳亨哭?嗡里嗡里哭。"豫北济源方言叫"哪罕",当是古音"奈何"之音转。

荡江儿:最小的儿子。《三茅宝卷》:"我晓得,祖父祖母爱的是头孙子,爹娘惯的是荡江儿。"

豁虎跳:大步快走。

小伙子:在靖江方言里,指容貌。

卖呆:吴方言俗语说发呆为"卖呆",两个比较熟悉的人开玩笑,常常称对方为"呆子"。"卖呆"一词,起于元代。元高德基《平江纪事》谓旧时苏州多呆子,又谓之苏州呆。每岁除夕晚上,群儿绕街叫唱:"卖痴呆,千贯卖汝痴,万贯卖汝呆。见卖尽多送,要赊随我来。"②盖谓把呆卖出去了,就好了。

---

① 《吴歌甲集》,见顾颉刚等辑《吴歌·吴歌小史》第51页,江苏古籍出版社,1999年8月版。

② 见杜文澜:《古谣谚》卷三十第447页,中华书局,1958年1月版。

跳槽：旧时嫖客在妓院里更换妓女，叫跳槽。沈复《浮生六记》卷四："(徐)秀峰今翠明红，俗谓之'跳槽'。甚至一招两妓。余则惟喜儿一人。"冯梦龙《挂枝儿》中有《跳槽》，其一说："你风流，我俊雅，和你同年少。两情深，罚下愿，再不去跳槽。恨冤家瞒了我去偷情别调。一般滋味有什么好？"从明清到民国，都是这个意思。民国初年百代公司歌女的唱片，就有好几首是以"跳槽"为题的唱片①。但到20世纪90年代，突然变为更换单位的意思。数典忘祖，很多人已经不知道跳槽的原意了。

堂子：妓女，在北方叫窑子，上海为"堂子"。顾颉刚先生说，清末苏州人称妓女为堂名，因为妓院多是什么什么堂的，与唱戏的堂名容易相混。为与唱戏的男堂名相区别，就改称女堂名。后来传到上海，就改称堂子②。

代教师：靖江方言中剃头师傅的称呼。当地方言词典以及江苏文艺出版社出版的《中国靖江宝卷》都不详其语源。此词是"待诏师"之讹转。宋代画工艺人在宫廷时刻伺候皇帝，称"待诏"，后来成为民间的尊称。剃头匠地位低下，但在江南民间不直接称剃头匠而称"待诏师"，就像请木匠上梁，不称"木匠"，而称"大工师"一样。

二、俗语探源

每个词都有很深厚的文化内涵，只是由于时间久远，久而久之人们数典忘祖，不知道其来源了。

江苏方言俗语中，"三脚猫"常用来比喻技艺平平的人。元末明初陶宗仪的《南村辍耕录》中写道："张明善作北乐府《水仙子》讥时

---

① 详见顾颉刚《吴歌甲集》附录五"《跳槽》之一"，《吴歌·吴歌小史》第125页，江苏古籍出版社，1999年8月版。

② 顾颉刚《苏州近代乐歌》，转引自钱小柏编《顾颉刚民俗学论集》第348页，上海文艺出版社，1998年10月版。

云……说英雄,谁英雄? 五眼鸡,岐山鸣凤;两头蛇,南阳卧龙;三脚猫,渭水非(非即飞)熊。"可见"三脚猫"乃动物也。明人郎瑛在《七修类稿》中云:"嘉靖间,南京神乐观有三脚猫一头,极善捕鼠,而走不成步。"这"三脚猫"也许是一只肢残之猫。人们把"三脚猫"作为技艺不精者的代名词,如郎瑛所说:"俗以事不尽善者,谓之三脚猫。"

无锡有句气象谚语"二月初八,张大帝吃冻狗肉",意思是说这天往往有寒潮降临。这句俗语里,就包含了关于张大帝(张渤)的历史传说。张渤在历史上并没有什么影响,但传说却是治水先贤。传说他变成一头"猪婆龙"(也有一种说法是骑着猪婆龙),吞掉了在蠡湖兴风作浪的水怪,用嘴巴拱开了"犊山门",使蠡湖和太湖流水畅通,从此无锡成为富饶的江南鱼米之乡。"猪婆"就是母猪,老母猪成精,可能就变成了龙,成了张渤的坐骑。"猪婆龙"就是"母猪龙"。无锡民间有在农历二月初八用白煮的狗肉代替水怪祭祀张渤的习俗,这天常常寒潮降临。"二月初八,张大帝吃冻狗肉",就成为无锡地区特有的气象谚语。

"牛"这个词,也出现在苏南的风俗中。现在所谓的生意好谓之牛市,很有钱或有能力谓之牛人,亦来源于吴方言文化。吴中旧俗,每岁除夕,丐者常在有钱人家的店铺前,扎柴蒙首,装成一头牛,另一乞丐牵着,到人家们前行乞,唱着:"黄牛到,生意好,撑黄伞,坐八轿。八轿还嫌小,吏部尚书升阁老。黄牛纳亨叫? 姆姆姆。讨个铜钱买草料。药杀黄牛,开年弗来讨。"

每个俗语背后,都有很丰富的内涵,都来源于一个故事。如苏州俗语"叶天士也要背三年药箱",传说叶天士是清代苏州名医,有一次,有个江西客人得了痨病向他求医,叶天士看过后,让那个人及早回家,免得客死他乡。但这位客人自料必死,就到镇江金山寺去玩玩,寺中老和尚让他购梨一船,每天坐卧其中,解渴充饥,梨尽病即愈。后来,病果然好了。叶天士听到了,隐姓埋名投到老和尚门下,为老和尚背药箱,偷偷学习,三年始学成。所以苏州俗语说,

"叶天士也要背三年药箱"。

"排排坐,吃果果。"现在是江苏一带的俗语,比喻按次序给大家好处。但这句俗语原为童谣。苏州吴歌有"排排坐,吃果果。你一个,我一个,妹妹睡着留一个"①。

"老王卖瓜,自卖自夸"源于明代的一首儿歌。明吕坤《演小儿语》:"老王卖瓜,腊腊巴巴。"后来转为"老王卖瓜,自卖自夸"。

"千里相送终有一别",这句俗语在唐代初就是人们常用的谚语了。贞观元年(627),李勣为并州都督,侍中张文瓘为参军事,勣尝叹曰:"张稚珪后来管萧,吾不如也。"待以殊礼,勣将入朝,文瓘送行二十余里。勣曰:"谚云:千里相送,归有一别。稚珪何行之远也,可以还矣。"②可见简单的一句俗语,可能流传了一千多年了。

第三节 │ 俗语谚语的价值

一、俗语谚语是劳动人民所有经验的总结

中国人一生所受的教育,主要是从前人的经验开始的,一代一代的生活经验,被总结为言简意赅的俗语与整齐押韵的谚语,以便于人们记忆。可以说俗语与谚语是中国人经验的总结,是浓缩了的"教材"。

"教妇初来,教儿婴孩。"③这两句谚语告诉人们,教育新妇要从新妇来家后的第一天教起,教育孩子要从孩提时代教起。看似

---

① 见《吴歌甲集》第 42 页,转引自顾颉刚等辑《吴歌·吴歌小史》,江苏古籍出版社,1999 年 8 月版。
② 《太平广记》卷一百六十九引《广人物志》。
③ 郭绍虞:《谚语之研究》,载苑利主编《二十世纪民俗学研究经典·史诗歌谣卷》,社会科学文献出版社,2002 年 3 月版。

简单的两句话,其实是人们治家与教子的多少成功的经验总结。

"穷算命,富烧香"①告诉人们正确的生活态度。有的人,不积极努力去改变命运,希望有好的运气而不去争取,而寄托于算命,这永远只能是穷人。要想成为富人,就要多"烧香",不管是祈愿,还是求人,积极地争取各方面的机会。

方言俗语是一个地区文化的体现,因此,看似简简单单的一句俗语,背后可能蕴含着很丰富的内容。有的一句俗语或谚语中,可能包含一个地方的传说或故事。

苏州古有俗言:"等人易得久,嗔人易得丑。"②意思是说,如果等一个人,就会觉得时间过得特别慢;如果对一个人生气不满,就容易只看到人的丑陋一面,而看不到别人的优点。这话很有哲理,说明人的行为对自己有一种强烈的心理暗示的作用。

二、俗语谚语反映了人们对自然的探索与认识

方言俗语是人们生活经验的总结,在中国传统的农业文明中,几千年来积累了大量的关于天文、地理、农业、物产、气象生活等方面的谚语,是简明流畅的教科书。

江苏有许多这类谚语,如《立夏小满》谚:"立夏不夏,田家莫耙。小满不满,芒种莫管。"意谓立夏、小满都是经常会下雨的,如果立夏没有下雨,不要耙地,夜雨会损麦及蚕。小满时候下雨,芒种时一定会收成好。"黄梅寒,井底干。"意思是如果黄梅时节天气很冷,这一年一定是大旱之年。"云罩中秋月,雨打上元灯。"中秋时候月亮旁边有云,下年的上元节,一定是阴雨天。

"白露身勿露,处暑十八盆"(《吴歌丙集》)。至白露时,天已渐

---

① 《吴歌丁集》,见顾颉刚等辑《吴歌·吴歌小史》第 376 页,江苏古籍出版社,1999 年 8 月版。

② 《吴中旧事》卷一:"叶少蕴言,吴人俚语若'等人易得久,嗔人易得丑'云云,虽鄙,亦甚有理。"见杜文澜《古谣谚》卷三十第 447 页,中华书局,1958 年 1 月版。

凉,不能露身。至处暑时,天气尚热,可以洗十八次澡。《吴下田家志》亦说:"处暑后十八盆汤,立秋后四十日浴汤乾。"

　　江苏的气候谚语,如"乌头风,白头雨"①,说夏天起云时,如云头为乌色,则会有风;云头为白色,则有雨。"上看初二三,下看十五六"①是预卜半个月的天气:每月月初两三天晴,则上半月会晴;如雨,则上半月会下雨。下半月的天气看十五、十六两天。"亮星照烂地,落杀落勿及"②,意思是:天下雨,地尚未干,就满天繁星的话,下面马上会有更大的雨。

　　陆泳《吴下田家志》搜集的都是吴地的方言谚语,有许多很有意思,如:

甲子日雨乙酉晴,乙日雨直到庚申。
大寒无过丑寅,大热无过未申。
春寒多雨水。
五日寒食便下田。
寒食过了无时节,娘养蚕花郎种田。
清明断雪,谷雨断霜。
黄梅三时才出门,蓑衣箬帽必随身。
朝立秋,暮飕飕;暮立秋,热到头。
十月无工,只有梳头吃饭工。
冬至前后,泄水不走。

　　这些话,是流传在江苏地区的农谚俗谚,不一定放之四海而皆准,南北温差不同,东西地域广大,在其他地方未必完全适用,但这

---

　　① 《吴歌丙集》,见顾颉刚等辑《吴歌·吴歌小史》第 325 页,江苏古籍出版社,1999 年 8 月版。
　　② 《吴歌丙集》,见顾颉刚等辑《吴歌·吴歌小史》第 327 页,江苏古籍出版社,1999 年 8 月版。

却是一个地方的百姓经过多年的经验总结出来的,有一定的准确性。所谓的准确性,就是符合的概率较大。《古谣谚》引《公余日钞》说:"村社占年之说,自古有之。如雨旱验生草,如麻麦验雪,往往无爽。有不待求之天文书者。盖耆旧之在乡井,阅世久,历事多,观化广,见事熟,必有所试而云,言非孟浪也。"

三、俗语谚语体现了民间道德价值的标准

口承文化,体现了中国人是非观念的价值评判。

许多人都会听过这样一个故事:由于母亲宠爱孩子,不加教管,导致孩子后来犯罪被杀。临死前,儿子对母亲提出一个要求,再吃一口奶,最后却把母亲的奶头咬掉了。儿子说,如果当年我偷东西时,你就教育批评我的话,我也不至于有今天的下场。这个故事就源于无锡的一个民间传说。

清末无锡北门塘有个很有名的窃贼陈阿尖,虽不像明代"我来也"那样出名,但在当时也是蜚声无锡、苏州的名偷。我在少年时曾听老师讲过他的故事。说他从小窃技高超,她母亲非常溺爱他,看到他偷东西不是批评教育,而是每次都夸奖他聪明能干,所以养成了他后来惯偷的恶习,以致后来被杀头,临死前,母亲去法场送他,他提出最后的要求,再吃一口奶。一口咬下母亲的乳头,后悔地说:如果你当时就拦住我,不让我偷盗,我今天也就不会被砍头了,我今生今世最痛恨的就是你!

这个故事流传很广,往往用来教育人们如何教育孩子,是非常有教育意义的。正史里当然不会有这种记载,只有少数的野史里有,主要还是流传于口头。如果将来没有人再提起,很可能就会从此湮灭了。在无锡,关于陈阿尖的故事,还有一些,如《陈阿尖功败陈二小姐》。这些都有必要作为口承资源保护下来,否则失传之后就会永远失传。

四、方言俗语是民间的教科书

口承文化是中国民间乡土社会里的活教材。中国大多数民众是以口耳相传的文化来进行教育的。体现中国人心中的宿命思想。如无锡有句谚语:"命里穷,终是穷,拾到黄金变成铜。"本来这是《吴歌乙集》收集的民谣①,但编者没有注明此歌的来源,其实,这个民谣是和明代文人龚勉的传说连在一起的。

龚勉(1536—1607),字子勤。世居无锡南门跨塘桥下塘。龚勉时常去望湖楼喝早茶,一天早晨,龚勉坐在茶楼窗前喝茶,一眼见到楼下地上有一根发光的"金扒耳朵",他下楼看时却发现是一根麦秆儿。他几经上下往返,看着那件发光的东西。这时,刚好有位老渔妇卖完鱼,弯腰拾起此物并在鞋底下擦了一擦,拿着此物走了。龚勉在楼上忙叫住了她,并下楼看个究竟。见到老渔妇手中拿着的是一根"金扒耳朵"。老渔妇以为是这位书生落下的,也就慷慨地把"金扒耳朵"还给书生。龚勉对老渔妇说:"是你的财物,不是我的,我只是看它一下。"说罢把"金扒耳朵"还给了老渔妇。老渔妇看这位书生诚实,一定要请这位书生吃早点,龚勉不受,回茶楼喝茶去了。老渔妇就在楼下买了一碗"脆鳝面",送到龚勉桌上。龚勉非常感动,将老渔妇送下了楼并向她道谢。待龚勉回到楼上时,只见"脆鳝面"已被一只猫打翻在楼板上偷吃,龚勉见此,叹着气说了一句:"命里穷,只是穷,捡到黄金也变铜。"起身下楼时又说了一句:"时也,命也,运也。"龚勉回到家里发愤读书,明隆庆二年(1568)高中进士。龚勉在任当官时为百姓做了很多有益

---

① 《吴歌乙集》,见顾颉刚等辑《吴歌·吴歌小史》第 270 页,江苏古籍出版社,1999 年 8 月版。

之事。(谈景清)

又一说,这个谚语,起源于明代状元唐皋的故事。见《无锡故事集》,两个传说大同小异,只不过换了人物而已。

如吴谚"气气生病,笑笑活命",说明了人的心情与身体健康的关系,心情开朗,可以使人长寿健康,如果生气郁闷,则可能伤身体损元气。明顾起元《客座赘语》引南京谚语:"恼一恼,老一老;笑一笑,少一少。"都是教育人们想开点,不要生气。

五、方言俗语更能反映社会的真相与原貌

方言俗语谚语,虽然很简单一两句,但如果追溯其来源的话,每句简单的话里,往往蕴含着丰富的文化内涵。挖掘隐藏在这些语言背后的内涵,可以给我们很多的历史知识,比起历史文献资料,方言俗语谚语更能反映民间的生活,更能体现社会的全貌。

如无锡以前有谚云:"有锡兵,无锡宁。"在周秦时代有锡铅,到汉代时锡已枯竭,故名无锡。所以古时唐陆羽《游惠山寺记》载:"后汉有樵客山下得铭云:'有锡兵,天下争。无锡宁,天下清。有锡沴,天下弊。无锡乂,天下济。'"[①]这是较为真实的说法。与民间传说故事作一下比较,就会知道方言俗语在反映社会真相方面的真实性。"无锡"来源的民间故事说:

> 龙生九子,原来都是浪荡子,有一天他们看到天上降下一个银光闪闪的大锡球,堆成一座锡山(说不定就是一颗流星)。九个龙子便像得到最好玩的宝物,你争我夺,将锡球推过来推过去。龙来了,水来了,三天下来,锡山一带的庄稼、房屋统统

[①] 杜文澜:《古谣谚》卷二八引《常州图经》第432页,中华书局,1958年1月版。

给淹没了，成了白茫茫一片汪洋。在这危急的时刻，有九名身强力壮像金刚一样的勇士站出来，他们齐声说："有锡争，无锡宁，锡山引来九条龙。我们把锡山挖掉，九条恶龙就不会胡闹了！"于是"人心齐，泰山移"，锡山的锡都被挖掉挑走了，九条小龙的龙须也被剪掉了。于是"龙无须引不来水，龙无水生不了云，龙无云上不了天"，九条小龙停在陆地上发不了威，变成了现在的"九龙山"（惠山）。本来有锡的地方，也就变成了"无锡"了。

历史上有些谚语，可以借以考证历史史实。徐州城西二十五里楚王山里谚："山前九十九口井，山后九十九口冢。"顾炎武说："山下为楚元王墓，又有古冢古井各数十。"①苏北有一谚语说："徐州不打春，邳州无东门。"这是明代时流传的关于徐州、邳州的谚语。明代郎瑛的《七修类稿》中"风水说：'徐州不打春，邳州无东门。若使打春与开门，蝎子咬死人。'此俗谚如是，今果然。"靖江讲经中，有与此相近的异文："徐州不打春，通州没北门。南京不打五更鼓，沈万山要不到聚宝盆。"②

"掮湿木梢"，在昆山话中，意谓上当吃亏。这句话据传说出于明末史可法的故事。明末抗清名将史可法镇守扬州，当时镇守淮北的东平侯刘泽清不思守卫，还在淮北大兴土木，营造他的"东平侯"府第。史可法得知消息，一人便服到淮北私访。到了刘泽清建造府第的工地，当地的监工正苦于人手少，就把他拉去工地做苦工，史可法被拉去扛刚从河里运上来的湿木头，这就是"掮湿木梢"。刘泽清到工地察看，看到掮湿木梢的竟然是史可法，赶忙下马，向史可法请罪。史可法沉下脸斥责他国难当头，不顾国家前

---

① 杜文澜:《古谣谚》卷二八第419页,中华书局,1958年1月版。
② 《大圣宝卷》,见尤红主编《中国靖江宝卷》,江苏文艺出版社,2007年8月版。

途,贻误抗清大业。后来清兵入关后,刘泽清投降了清朝,出卖了史可法。

苏州历史上有谚语:"苏城街,雨后着绣鞋。"《三余帖》引此说明,苏州城在历史上非常洁净,为天下第一,下过雨后,可以穿着绣花鞋在街上走。(《古谣谚》卷五十一)清代初年,苏州城市的风俗如何呢?清康熙间一首歌谣说,"苏州三件好新闻:男儿着条红围领,女人倒要包网巾。贫儿打扮富儿形:一双三镶袜,两只高底鞋,到要准两雪花银。"①

宋王觌知苏州,肃贪爱民,官吏害怕,百姓欢心,故当时有谚曰:"吏行冰上,人在镜心。"(《宋史·王觌传》)宋蔡洸知镇江,时天大旱,镇江百姓筑陂潴水灌溉,西溪士兵移屯南京,过往船只众多,因此,漕司下令全部拆除这些堤陂。百姓泣诉于蔡,蔡洸说:"吾不忍获罪百姓"拒绝漕司命令。后来不久,天降大雨,漕运通,百姓也丰收。当地百姓为民谣,唱道:"我潴我水,以灌以溉,俾我不夺,蔡公是赖。"(《宋史·蔡洸传》)

明代周斌,字国用,昌黎人,为江阴知县,有惠政。江阴民为周斌歌:"旱为灾,周公祷之甘露来。水为患,周公祷之阴雨散。"初去江阴,百姓为之立生祠。(《明史·杨瑄传附周斌传》)

口承文化中有许多民间的生活细节,往往为正史或正统的典籍所不载,而正是这些,可以给人具体形象的生活画面,反映了一个时代真实的生活。有的方言俗语谚语承载了许多非物质文化遗产,如《熙朝乐事》中所载的南方的谚语:二月二日的风俗"蓬开先百草,戴了春不老";三月三日的风俗"三春戴荠花,桃李羞繁华";清明时的风俗"清明不戴柳,红颜成皓首"②。《帝城景物略》里写

---

① 褚人获《坚瓠集》,转引自钱小柏编《顾颉刚民俗学论集》第341页,上海文艺出版社,1998年版。

② 杜文澜:《古谣谚》卷二十五第383页,中华书局,1958年1月版。

小儿谣:"杨柳儿活,抽陀螺;杨柳儿青,放空钟;杨柳儿死,踢毽子;杨柳发芽,打钹儿。"①这里叙述了春天中不同时候儿童的不同游戏。这些几百年前的儿童游戏,在二十世纪六七十年代还在农村民间流传,有些已濒临失传。

第四节 | 方言俗语保护的特殊性

如前文所述,白话与口语化是口承文化的一个重要特点。口语化是与人们生活密切相关的,最容易为人们接受。但由于白话口语古今变化比较大,对于后人,理解起来有时候可能比文言文还要困难。如唐宋时一些白话很多口语词汇今天都不用了,在今天读来,会产生许多阅读障碍。像元代的口语白话,读起来要比文言文艰涩许多。而且不同地区的白话口语又不一致。这些都增加了后人的阅读困难。江苏的许多方言,特别是南方的吴方言,由于年代久远,许多口语词汇已经找不到它的语源,对于研究与阅读,也可能成为一种障碍。

顾颉刚说:"三百年前的吴语和表现语音所用的文字,已和现在不很相同了。从前的'来'现在变为'拉','耍'变为'啥','聪'变为'替','那间'变为'奈哼',这些较普通的还可以推知。尚有好些古语不说他省人看不懂,连我们苏州人也看不懂。"这确是口语俗谚保护中的一个难题。

要克服这种难题,最好是编写较全面的各地的方言词典,一个方言区域编写一本,重点解释一个方言区域的口语词汇、俗语、谚语、笑话、歇后语等等。解释其词意,探讨其语源,标明其读音,举其例证,对于保护这个地区的方言俗语,乃至于保存口承文化,都

---

① 杜文澜:《古谣谚》卷二十五第381页,中华书局,1958年1月版。

有重要的作用。二十世纪八九十年代,江苏教育出版社曾有各地"方言志"之类的书,虽然是语言学研究著作,内容不够全面,不能完全反映口承文化全貌,但对于保护口承文化遗产是很有学术意义的。

第五章
江苏神话传说故事

传说故事包括神话、传说、童话、民间故事等。

神话是人类社会初期社会生产力低下，人们认识能力有限，通过幻想想象对自然现象的解释。

传说就是比较有历史真实性的故事。如女娲补天、精卫填海是神话，大禹治水就从神话过渡到了历史传说。传说后起，晚于神话，虽然其中也会有许多离奇荒诞的情节内容，但其解释的自然现象的方式是真实可靠的。

童话，顾名思义是针对儿童而编造的故事。其叙述故事的方式类于神话，是没有什么真实性可言的。但它与神话又有许多不同，没有神话那样对自然现象的解释。

民间故事不像神话、童话那样想象夸张，是最接近现实生活的，但又不同于传说，不是讲名人、名胜、名地、名特产的，不是真实的故事，它是充满教育意义与价值的一般故事。

第一节 | 江苏的神话

江苏民族比较单一，地势平坦，没有高山，开化较早，所以创世类的神话较少。

神话传说是文字以前或文字缺乏的时代历史记忆的主要形式，我们在现代的考古学建立之前，有关史前的知识，主要就是神话传说，如关于伏羲女娲的传说、三皇五帝的传说等。近世有了考古学，可以帮助我们了解史前人类的生活，但考古也离不开神话传说的历史文献证明，这就是所谓的二重证据法。如伏羲女娲的传说,可以证明考古学上所谓的血缘婚中的班辈婚的形式。也就是在同一部落中,只有辈分相同的才能婚配,伏羲、女娲兄妹成婚,正是这种婚姻形式在口传中的遗存。兄妹成婚神话,是世界神话宝库中的一批珍贵珠玉,其流传相当广泛,在东亚、东南亚一带蕴藏量尤其丰富。它在这一地区的分布,大抵西起印度中部,经过苏门答腊岛、印度尼西亚、加里曼丹岛、泰国、菲律宾、台湾岛,以及中国大陆,向东一直延伸到朝鲜和日本,而且分布的区域也相当广泛。除南方苗、瑶、彝、高山、土家、侗等少数民族外,它还流传于北方的满、回、鄂温克、鄂伦春等民族中。如汉族的伏羲兄妹、拉祜族的扎笛与娜笛兄妹、阿昌族的遮帕麻与遮米麻、侗族的丈良与丈妹、苗族的姜央兄妹或伏羲兄妹、瑶族的伏羲兄妹等。在众多的名字中,较有共通性的是"伏羲兄妹"及其各种异称,如"伏侬兄妹""伏哥羲妹"等等①。

一、洪水神话与兄妹结婚

江苏独特的开辟神话。《缸固庄的来历》,有洪水,有兄妹成亲,有造人、造物,这则神话是远古兄妹神话极有价值的孑遗。这个故事说:

> 当初,开天辟地的时候,世上陡然洪水漫天,一时三刻洪水涨得擢天三丈。
> 哎,世上一个人都没得了,只落得姐弟两个。他们就想办法了,朝大花缸里一蹲。上头弄只缸一合,随它去吧!"我们姐弟两个死也死在缸里,活也活在缸里。"
> 这大花缸就随着洪水漂,漂呀漂的,漂到江苏兴化这块

---

① 杨利慧:《伏羲女娲与兄妹婚神话的粘连与复合》,《北京师范大学学报》,1997年第6期。

儿,搁住不动了,原来是洪水退下去了。姐弟两个爬出大花缸一望,世上一塌平洋,屋也没得了,秧也没得了,树也没得了,人也没得了,连小狗、小猫也没得了,块块一塌平。

世上没人了,那么大的天地,只落两个人,多孤单呀!姐弟两个就弄泥搭人儿。搭一个,跑掉了;搭两个,溜掉了;有的膀子不曾搭好,又跑了;有的腿不曾搭全,也溜了。传说,世上断膀子、缺腿的就是这么着下来的。溜得了,没得旁的事,都去插草为标。在哪块插,就在哪块种田。

俗话说:拿泥搭都来不及呀,那么大的天地,世上人还是不够用。怎么办?拿纸剪,姐弟两个把纸一层一层折起来,剪个宝宝人儿,一剪几十张,朝天上一撒,几十个人跑了,一剪几百张,朝天上一撒,上百个人溜了。溜得了,没得旁的事,都去插草为标,在哪块插,就在哪块种田。

俗话说:纸糊的人儿都来不及呀;那么大的天地,世上人还是不够用,怎么办?说要人养人呢。弟弟说:"这些泥人儿、纸人儿不传后,不如我们姐弟两个成亲吧。"

姐姐一听,脸"唰"地一下红到耳朵根,世上哪有姐弟成亲的呢?姐姐说:"弟弟,要我同你成亲,我顺着这个大花缸跑三圈,你能赶上我就成亲,赶不上我就拉倒。"

姐姐大,弟弟小,两个人顺着大花缸跑了。弟弟怎么也赶不上姐姐,累得汗巴雨淋的。

这时,不晓得走哪块冒出来一只呆乌龟,它就同弟弟说了:"你这么赶,赶不上哩!你好不过回头你同她迎头赶。"

哎!弟弟听了呆乌龟的话,真的转头跑了。他弟弟转头跑,你姐姐也转头吗?不是还赶不上吗?她还是一顺跑,她朝前溜,他迎头溜,一溜、一撞,两个撞住了。

姐姐来气了吧!是哪个出的坏主意?一望,地上爬了一只呆乌龟,她"哐"地一脚,把个乌龟蹬得粉碎的。

姐姐望望又舍不得,经过这场大洪水,世上生灵太少了。她拿了根探花针,穿起五色绒,拾起碎乌龟,慢慢"斗",一块块地"斗"起来了,中间十三块,边子一转二十四块。直到至今,乌龟壳上还是中间十三块,边子二十四块哩。

这么,姐弟成亲了,世上这才传下人来。日后,人们为了不忘这只大花缸救下姐弟俩,便将这个地方起了个庄名,叫缸固庄①。

在江苏这个平原沿海文化发达的省份,这种遗留是极为罕见的。这极可能就是中原地区古代伏羲女娲神话故事的变异。其中的姐姐不同意婚事,给弟弟制造困难让弟弟追赶的情节,明显地也受后来人们观念影响。钟敬文先生说,伏羲女娲类型神话中,这是在后来族外婚以后,人们对于血缘内婚姻的抗拒、害羞反抗的体现,才有了兄妹中有一方反抗、抗拒或设置种种困难考验②。

江苏的开天辟地神话传说的主人公不是盘古,而是一个独具特色的绿鸭道人,在苏北盐城阜宁、苏南镇江和丹阳都有绿鸭道人的故事。阜宁县的《绿鸭淘沙造大地》说,远古的时候,世界上只有漫漫洪水,只有两个神仙,如来佛可以化一朵莲花浮在水面,绿鸭道人在天上飞了七天七夜都是洪水,没有落脚的地方,如来佛让绿鸭扎到水里衔满满一口泥沙,吐到如来佛的手上,用另一只手沾点

---

① 《中国民间故事集成·江苏卷》,第 19-20 页,中国 ISBN 中心,1998 年 12 月版。这个故事流传应当很远很早。张爱玲作于 20 世纪 70 年代初的自传体小说《小团圆》叙述她小时候家里保姆余妈"讲古":"从前古时候发大水,也是个劫数嗳!人都死光了,就剩一个姐姐弟弟,姐弟俩。弟弟要跟姐姐成亲,好传宗接代。姐姐不肯,说:'你要是追得上我,就嫁给你。'弟弟说'好'。姐姐就跑,弟弟在后头追,追不上她。哪晓得地下有个乌龟,绊了姐姐的脚跌了一跤,给弟弟追上了,只好嫁给了他。姐姐恨那乌龟,拿石头去砸乌龟,龟壳碎成十三块,所以现在的乌龟壳还是十三块。"大同小异。

② 钟敬文:《洪水后兄妹再殖人类神话》,见《钟敬文民俗学论集》第 84-85 页,上海文艺出版社,1998 年 3 月版。

儿水,用手指头一和,和成烂泥浆。然后吹了一口气,往洪水里一撒。泥浆撒到哪块,哪块就变成平地,泥浆里的石子落到哪里,就成为山峰,没有撒到的地方,就成为汪洋大海。后来才有了女娲造人,神农氏播种百谷的传说。

丹阳的神话传说,与此大同小异。只是如来佛换成了洪兴祖,洪兴祖是条黄赤链蛇,陆鸭道人是一只陆鸭,洪兴祖让陆鸭扎到水里,衔上一口泥,洪兴祖把这块泥沓在鳌头上,当时有三位神:通天教主、原始天祖和太乙真人,这三人把泥土盘成一个圆珠,交到原始天祖手里,这个圆珠歇十万八千年后长成了地球。①

这里的如来佛、原始天祖、太乙真人、地球等等,很明显是后来吸收了其他神话传说与科学知识,但基本的绿鸭(陆鸭)道人、衔泥、变成陆地,则是核心的内容。

二、精卫填海

江苏靠近沿海,与内陆省份的地理环境有很大差别。江苏的神话传说多与海、与水有关。"精卫填海"神话中说,炎帝之少女,名曰女娃,游于东海,溺而不返,化为精卫,故有衔石填海之举。这个故事,可能与远古时代滨海居民被海水淹没有关,因为常有这类被海吞噬的现实,所以人们才幻想填平大海。我国历史上的东海,尤其是秦汉以前,主要在江苏连云港一带,所以这个神话也可以看作是江苏地区的古老神话。

女娲补天的神话,在江苏也有传说。说女娲炼冰补西北之天,用裹头布补东南之天。所以直到现在,西北风是冰冷的,东南风是潮湿温暖的。此外,与之相关的伏羲造渔网等工具的发明在江苏也

---

① 见《中国民间故事集成·江苏卷》第13-14页,中国ISBN中心,1998年12月版。据本书的附记,阜宁县采录于1987年,丹阳县采录于1985年。1962年在镇江市袁天桃、赵万楼两位老人也有大致相近的叙述。

有一些流传。在江苏的神话中,神农氏青脸红须,龇牙瞪目,因为民间传说其是吃试信石中毒而死,所以脸是一种很难看的颜色。

三、防风氏神话

防风氏是江浙地区的部落首领,跟禹同时代。据《国语·鲁语》载,防风氏形体高大,龙首牛耳。随大禹治水,恃亲骄横,居功自大。大禹杀之。一说大禹到东南方巡视,执圭玉者万国,大会于涂山。防风氏后至,被大禹诛杀,他的形体特别硕大,一节骨头就能装满一车。防风氏可能是不臣服于大禹的东南方部落首领,关于他的历史、形象传说至今还有一些。

第二节 | 江苏水怪传说

江苏水乡泽国的地理环境,决定了神话传说的特色,往往与水有关。洪水的神话在江苏很多,有关治水的故事也多。大禹治水的故事,在江苏有了自己的特色。在北方的神话中,大禹化作一头熊,在河道里用嘴拱开泥沙。而在江南的传说中,大禹化作了一头猪婆龙(俗称鼍,即扬子鳄)用嘴拱开泥沙。

一、在无锡有张渤[①]治水传说

张大帝名字叫张渤,原来是天上的一只猪精,因犯了天条,被贬到人间来,投生到一个姓张的穷人家当儿子。

当下,天下发大水,田地都淹了,张渤就到夏禹部下,当了

---

① 张渤,在江苏各地流传的记载中,有作"张渤",也有写作"张勃",为了统一,本书下文引用到的文献,统一改作"张渤",特此说明。

一名治水的官。

有一次,张渤来到无锡察看灾情。那时,五里湖和太湖不通。天旱时,太湖的水流不进来,禾苗都枯死了;下了大雨,大水又流不进太湖里,淹没了田地。老百姓苦透了,早想把那座横在犊山口的笔架山搬走,好让五里湖与太湖相连。张渤就带领几千人去开山,要搬掉这座山。张渤的老婆带了四个女儿,给民工烧饭。

那笔架山的石头硬得像铁一样,锄头岔上去,只溅出一点火星。七天七夜过去了,山动也不动,灾情却越来越重了,人们眼巴巴地等着水来。

张渤心急如火,他想,这样下去,何年何月才能开通?眼看着老百姓都快饿死了,民工也快没有吃的了。张渤原来是猪精变的,但天机不可泄露,这时,他横下一条心,要闯开犊山门,使五里湖和太湖连接起来。

张渤对民工说:"大家累得不行,回家歇息两天吧。"

民工都走了,他再对老婆说:"明天我一个人去挖,你在家烧饭,不准来看。我带一面鼓去,你听到鼓声响,就是我饿了,你就来送饭。"他老婆答应了。

张渤一个人来到犊山门,摇身一变,变成了一只黑乎乎的大猪,高十丈、长五十丈,像一座黑山,只听得轰的一声,水花飞上了半天,大猪发起了神威,轰通、轰通,整整一天一夜,把北面的口子拱通了。

他老婆一天一夜未曾合眼,侧着耳朵听鼓声。鼓声一响就忙着去送饭,每次去送饭,总看到丈夫穿了干净衣服,坐在鼓旁等候。

第二天中午,老婆又送来了饭菜。张渤说:"你将饭放下,先回去吧!"老婆就走了。

张渤三扒两口,连吃了几大碗,看看老婆走远了,赶紧把剩下的半碗饭往鼓上一放,仍旧变成大猪,又去拱南面的口子了。拱呀,拱呀!眼看剩下的不多了。

这时,西边飞来了一只大鸟,看到鼓上有几粒米饭,大鸟一啄,鼓就咚咚地响了起来。

张渤的老婆听到鼓声,吓了一大跳。她心想:吃饭的时候还没有到,不会是出了什么事吧?就急急忙忙赶来看丈夫。她来到山滩,没有看见丈夫,只看见一个像小山样大的黑乎乎的怪物用牙齿在啃山。就"啊呀"一声,向后倒下,被吓死了。

等到张渤发现,已经救不活了。他对尸体号啕大哭。哭声惊动了天庭,玉帝因为张渤犯天条,将张渤抓去打进了天牢。四个女儿等等母亲不回来,跑到湖边来找。只找到母亲的尸体,却再也见不着父亲了。

玉帝关了张渤,天下的老百姓不答应,他们托土地神上天请求赦罪,要求释放张渤。四个女儿在湖边早也哭,夜也哭,直哭得天昏地暗。玉帝心烦意乱,不得安宁。于是就决定:每年二月初八,放张渤回家一趟,省得百姓闹,女儿哭。

从此以后,每年的二月初八,张渤的四个女儿总要来迎接亲爹。

大女儿最懂事,每次来看父亲,想到爹娘的悲惨遭遇,眼泪就不断地淌下来。回去时又舍不得老父孤独一人,一步三回头,边走边哭。所以每年二月前后,阴雨连绵,那是大女儿雨姑娘来了。

二女儿想到父亲爱吃冻狗肉,她总是一路风雪,护着狗肉来接父亲。所以每逢二月初八前下春雪,那是二女儿雪姑娘来了。

三女儿性子急,来去一阵风。每逢春天刮大风,人们总说是三女儿风姑娘来了。

小女儿脾气暴,想到父母不公平的遭遇,眼里就会爆出火星来,小女儿火姑娘来了,大家就要当心火烛。

　　直到现在,无锡地区二月初八前后天气变化异常,忽儿风,忽儿雨,忽儿雪,就是因为张渤的女儿来看他们父亲的缘故。①

同是治水,在江苏各地治水流传的都是猪婆龙星。猪婆龙,即扬子鳄,是传说中的猪精,也就是水中的大鼋。这也可以看作是江苏的地域特色。

在丹徒县传说有南公治水。丹徒有个石马庙,很古的时候,这里经常发大水,大禹派南公来这里治水。

　　他披星戴月,带领子女挖沟开渠,决心把洪水引进大海。周围的百姓听到了消息,也带着钉耙锄头、扁担箩筐赶来相帮。挖的挖,抬的抬,吃尽了千辛万苦,洪水到底退了下去。

　　哪晓得,洪水刚刚退走,地上还有一个泉眼日夜不息地喷水。大水柱一喷十多丈高,眼看着退下去的洪水又渐渐地回涨了起来,原来这是个"海眼",洪水流到海里,再从"海眼"里往外冒,要想堵住它可不容易啊!南公急了,他牙一咬,脚一笃,纵身跳了下去。接着他的子女也一个个跟着跳了下去。怪了,他们跳下去以后,看着看着,泉眼里喷出来的水柱渐渐小了,最后竟合了起来。洪水终于被治服了,可是南公和他的子女们却没有一个能再上来。

这些治水故事都是结合每一个地方的风俗与名胜而产生的神话传说。

---

　　① 见《中国民间故事集成·江苏卷》第 9-10 页,中国 ISBN 中心,1998 年 12 月版。

二、湖海水怪传说

历史上黄河、淮河都在苏北入海,经常洪水泛滥,因此产生了大量的水怪神话和传说。最早是大禹降伏无支祁的神话。在江苏流传最广的有无支祁神话,这个神话和江苏的孙悟空神话有很大关系。淮水、涡水之神名无支祁,状如猿猴,高五丈许,长鬐、金爪、缩鼻、高额、白首、金目、雪牙,颈长百尺,力逾九象,常常掀起水灾。大禹派人来制服水怪,数千妖魔纷纷拥来,大禹用大绳索拴住无支祁长颈,将他锁在淮河南岸的龟山脚下。这个故事与孙悟空的形象,有一定的关系。在江苏的许多水域里,还有关于水母的神话传说。在江苏靖江的讲经宝卷《大圣宝卷》中,有一个泗州大圣张长生,降服了高邮湖水中的水怪,又打败了打算淹掉通州城的水母。①

《张果老锁水母》(盱眙)的神话。水母是江淮一带常常兴起水患的妖怪,所谓水母,就是能源源不断生水的妖怪。民间还流传有张果老锁水母的神话。水母娘娘挑着水准备淹掉东南,但被张果老赶去阻止。张果老请水母娘娘让驴子喝一口水,水母娘娘答应了。驴子把嘴伸进去一饮,就把两桶水喝得只剩一点水。水母娘娘大惊,将余水一下倒在地上,顿时洪水横溢,一下子淹掉了泗州城。百姓葬身水底。张果老用铁索锁住水母娘娘,打入盱眙县老子山都帝庙神井中。

如果我们将上述两个相近的故事对比着看,可以发现这两个故事,其实可能是源出于同一个神话故事。宝卷中的张长生,传说故事中的张果老,姓同名异;水母打算淹掉通州,淹掉东南,其实是一样的。宝卷里,泗州大圣张长生一钵子盛了水母的两桶水,一个水点溅开花,就冲出个长荡湖。神话里把剩余水倒下,淹了泗州

---

① 见尤红主编:《中国靖江宝卷》上册,江苏文艺出版社,2007年8月版。

城。最后锁水母的结局也是基本一样的。所以,似乎可以得出一个结论:靖江宝卷《大圣宝卷》与《张果老锁水母》其实是一种民间流传神话的不同记载。

三、城陷传说

石狮眼睛出血,城池沉陷。这是南方民间传说的一个共同的母题。在江苏的传说中,有好多同类的故事,如无锡民间关于开家基沉陷传说,南通、泰州、靖江等地关于泗州城的传说,盐城、盱眙关于洪泽湖的传说,都有这个共同的母题。无锡开家基沉陷的传说如下:

> 很久以前,太湖边上有个开家基,同马迹山隔湖相望。村上有一户姓开的财主,生了十个女儿,长得非常相像,外人很难辨别。财主教她们以貌欺人,经常买了鱼赖账不付钱。渔民们对财主恨在心里,但又没有什么办法。
>
> 一天,有位渔婆到开家基卖鱼。财主的一个女儿出来买了鱼,说声去拿钱,拎了鱼进去,就再也不出来了。渔婆等了一会儿,高声喊道:"买鱼的姑娘,快付给我鱼钱!"这时,一下走出来十个衣着相同、打扮一样的姐妹,齐声说:"哪个买你的鱼啦?"渔婆指着其中的一个道:"就是你买的。"那个姑娘立即抵赖:"你瞎说,有什么证据?"
>
> 只见渔婆指着她裙子上的鱼鳞片,不慌不忙地说:"这就是证据。是你在买鱼的时候,我特地粘上作记号的。"那个姑娘在事实面前无法抵赖,不得不付了鱼钱。
>
> 渔婆又恳切地告诫她们道:"告诉你们的老子,不要以为有钱有势,就可以欺诈百姓。如果继续作恶,总有一天太和观前石人的眼睛里出血,你们就将大难临头!"据说,这位渔婆是观音的化身。

然而,财主对渔婆的话根本不在乎,反而教女儿们不但买鱼不付钱,买其他东西也都设法赖账。弄得人们对财主怨声载道,深恶痛绝。有一天,财主的一个女儿在杀鱼时,想起那个渔婆的话,不禁觉得好笑:"石人的眼睛里,怎么会出血?还是我给它抹一点鱼血吧!"于是,她果真把鱼血抹到太和观前石人的眼眶里。

谁知这一抹非同小可,顿时雷雨大作,天摇地动,开家基直往下沉,雪堰桥西北方的一个小湖——洋湖,湖底却上升成了陆地。开家基的居民,不知不觉地被移到了那里,村名就叫洋湖村。唯独那户财主,则永远沉入了太湖的底部。

过了许多年,人们又陆续到湖滨建房居住。相对于早先沉没的开家基,就起名叫"新村"。直到清代光绪以后,才改称"芋村"。①

同是无锡,还有一个民间传说,说无锡在历史上有个山阳县,沉到太湖里去了。当地有一位侯孝子,每天打柴,换成钱养活母亲。有次看到一个乞丐天天蹲在地上,很可怜,给乞丐两串钱,每天走过,都会给这个乞丐两枚铜钱。那个乞丐是铁拐李,指着门口的石狮子告诉他:什么时间看到狮子眼睛出血,就赶紧背着母亲一起逃走,一直往北,不能回头。② 在浙江的民间传说中,说这个背着母亲逃走的人是葛洪,点化他的是吕洞宾。③

---

① 《无锡民间故事集》。另有一种传说,说开家基村上有"七十二个半边胡子"相貌相似,买了渔夫的鱼,不付钱,渔夫向观音祈祷,观音第二天变作渔姑卖鱼,果真又是被抢,于是把开家基沉到了水里。

② 《沉没山阳县,余出无锡城》,见《中国民间故事全集》第 23 种,陈庆浩、王秋桂主编《江苏民间故事集》第 237－241 页,台湾远流出版事业股份有限公司,1989 年 6 月版。

③ 见姜彬主编:《中国民间文学大辞典》第 272－273 页,上海文艺出版社,1992 年 6 月版。

此事最早见于《淮南子·俶真训》："夫历阳之都，一夕反而为湖。"高诱注："历阳，淮南国之县名。今属江都。昔有老姬常行仁义，有二诸生过之，谓曰：此国当没为湖。谓姬视其东城门阃有血，便走上北山，勿顾也。自此姬便往视门阃。阃者问之，姬对曰如是。其暮，门吏故杀鸡，血涂门阃，明旦，老姬早往视门，见血，便上北山，国没为湖，与门吏言其事适一宿耳。"此记载发生于江都。《太平广记》一百六十三引《独异志》曰："历阳县有一老媪，常为善。偶有少年过门求食，媪待之甚恭。临去谓媪曰：时往县门，见门阃有血，可登山避难。自是媪日往之，门吏问其状。媪具以少年所教答之。吏即戏以鸡血涂门阃。明日，媪见有血，即携鸡笼走上山。其夕城陷为湖。今和州历阳湖是也。"此记载发生于安徽历阳。

晋干宝《搜神记》卷十三："由拳县，秦时长水县也。始皇时，童谣曰：'城门有血，城当陷没为湖。'有姬闻之，朝朝往窥。门将欲缚之，姬言其故。姬去后，门侍杀犬，以血涂门，姬又往，见血走去，不敢饮。忽有大水，长欲没县……"由拳县，即今昆山市，汉代由拳、娄县、海盐相连，唐置华亭，清代为松江府。由拳紧靠太湖。三泖，即在太湖边，据说天和日晴，水中井栏街衢宛然可见。

在苏北，洪泽湖畔有个古泗州城，在今盱眙县北。在清代康熙时沉入洪泽湖中，州治徙至旧虹县。这件事，在历史上给人们的记忆可能也产生很大的影响，关于古泗州城的传说也很多。正好佛教里有个泗州大圣，民间就把"泗州大圣"与"泗州"联系起来，在南通民间流传的"大圣菩萨"成圣的故事中，也有"石狮子眼睛出血"的母题。

张大圣晓得水母娘娘还要水淹泗州，把个黄布包皮往身上一挎，到处吵着说："泗州沉，泗州沉。"吵了三天三夜，有个小孩就说："这个呆和尚，呆里哈气，泗州城，泗州城，哪个不晓得泗州有个城呢？"有个老人晓得，这个呆和尚话里有话，说：

"师爹,你天天吵泗州沉,可晓得泗州几时沉呢?""我晓得的,你家后头有座关帝庙,门口有对石狮子,石狮子几时眼睛滴鲜血,泗州就几时沉……"杀猪的一听:"咦,还有这个说相。"当夜,他把猪血朝石狮子这只眼睛榻榻,那只眼睛榻榻。第二天小孩来一瞧,哎哟,石狮子眼睛上鲜血朝下直流,忙跑回去说:"这下子没得命呱,石狮子眼睛里头真的滴鲜血了,快点儿搬啊!"四边邻居听见他说石狮子眼睛滴鲜血,也跟着搬,刚刚上了船,泗州城就沉了。张大圣也就离开那里,来到南通的一座山上。①

2010年夏天大旱,洪泽湖水位下降,被淹的古泗州城的城墙遗址都露出水外,从盱眙县洪泽湖边清晰可见。

四、南京、无锡猪婆龙传说

在江苏的文化中,有许多水怪传说,鼋、鼍是水底常常提到的两种。鼋为巨鳖,鼍为鼍龙,即俗称的"猪婆龙",但在民间传说中两种动物常常混用。猪婆龙是一种很多见的水怪。猪婆龙,就是今天所说的扬子鳄。无锡的鼋头渚,鼋不是巨鳖而是猪婆龙。据传因为与明代朱元璋的姓音同,改称鼋。不仅无锡,南京也有。明《雪涛小说》:"金陵上清河一带善崩,太祖患之,皆曰猪婆龙窟其下。故尔时工部欲闻于上,然疑'猪'犯国姓,辄驾称大鼋为害。上恶其同'元'字,因命渔者捕之,杀鼋几尽。先是,渔人用香饵引鼋,鼋凡数百斤。一受钓,以两前爪据沙,深入尺许,百人引之不能出。一老渔者谙鼋性,命于其受钓时,用穿底缸从纶贯下覆鼋面,鼋用前爪搔缸,不复据沙,引之遂出。金陵人乃作语曰'猪婆龙为殃,癞头鼋顶缸',言嫁祸也。"有的地方传说是猪精或猪子精。靖江讲

---

① 《中国民间故事集成·江苏卷》第216-217页,中国ISBN中心,1998年12月版。

经中《大圣宝卷》说：南京人养猪，不是关在圈里，而是放在外面跑来跑去的。猪可不管大的小的，一口一只，一下吃下七八只，还在地上拱了寻吃。原来小汤团里面包的是金丹，给父母吃了可以延年益寿。这猪吃了许多小汤团，长得特别快。一天长个头，三天像小牛，最后成了猪子精。猪子精食量大，到处拱了寻吃，拱呀拱，拱进了城楼底下入地九尺，到四更天饿了就拱得要吃，头一摇，城楼就倒，所以朱太祖下旨修城。这时，狼山大圣来到南京，见此情景，用慧眼镜一照，是猪子精作吵，就托梦给朱太祖说："要得楼修成，必向沈万山借聚宝盆。"无锡传说中，张渤治水时，变成一头"猪婆龙"（也有一种说法是骑着猪婆龙），吞掉了在蠡湖兴风作浪的水怪，用嘴巴拱开了犊山门，使蠡湖和太湖流水畅通，从此无锡成为富饶的江南鱼米之乡。现在在无锡鼋头渚塑有张渤骑猪婆龙的塑像。

第三节｜江苏风俗传说

不同的地方有不同的风俗习惯，江苏全省，既有一些共性的风俗，也有各自不同的风俗，每个地方的不同的风俗，在他们的口承文化遗产中都有明确的表现。每一种风俗怎么起源，背后都有丰富的知识，这些知识大多数是通过口头流传的。

民俗中的民间信仰，多与宗教有关，除了正统的佛、道教之外，民间的鬼神信仰传说更多。关于土地神、山神、灶神等与人们日常生活关系很密切的神，在各地的传说中都有一些差异。如南京紫金山的土地神蒋子文，是我国有文献记载的最早的土地神。见于晋干宝的《搜神记·蒋子文》。蒋子文是东汉时代秣陵（南京）尉，逐盗山中，伤额而死。尝自谓骨贵，死当为神，后孙权都建业，常乘白马执白羽扇而出。蒋子文鬼魂化现于其部下，要其立庙祭祀，其部下为其立庙钟山,后钟山又名蒋山。蒋子庙,又名蒋王庙,从三国至民国,一直保存。这可以说是最早、时间也最长的土地庙。

蒋子文的三妹死的时候,尚是一个小姑娘,埋在蒋山下的青溪,号称青溪小姑。也有立庙,这些庙宇,在当时都不是正规的庙宇,属于淫祠,魏时、南朝宋时屡有毁禁。但在民间影响很大,我们只要看看《搜神记》就可以知道当时的拜祀之风。

民间的神还有如灶神、土地神、太岁神的模样,这些民间的俗神,都是老百姓自己想象出来的,所以都有一个共同的特点,好吃、笨拙、可笑。如灶神,在人们心中,就是一个爱搬弄是非、爱打小报告、好吃懒做的人,所以在祭灶的时候,人们给他个火烧或一碗烂面条就打发了他。土地神都是五短身材,笨拙不堪,像一个老农,贪心无能,好吃爱赌。

太岁也是一个管土的神,有句俗语说"太岁头上动土"。在民间老百姓的心目中,太岁也是这样一个管土的神,谁家动土兴工,都要算算,不敢触动太岁。镇江《李老君斗太岁神》的传说,是窑工流传的传说。总之,这些民间人们最常接触的神,都是与现实中人没有什么两样的,仿佛人们现实中常看到的普通人一样,嘲弄多于尊奉,有一种亲切感。与其他神祇高高在上、威严无比的形象有很大不同。如江苏许多地方关于土地神的传说:有个箍桶匠,生意清淡,路过土地庙,便进去烧香,求神保佑发财,许诺送土地神一口猪、一坛酒、一百馒头,另送土地奶奶一对花。好吃的土地神很高兴,保佑那个人发了财,赚了很多钱。数月过后箍桶匠来还愿,还他"一口"猪肉,用手指"弹"一下酒,"掰"一块馒头,叫"馒头一百",用刀在土地奶奶的脸上"划"了两刀,叫作"一对花"。箍桶匠去后,土地奶奶把土地神大骂一顿,骂他贪吃,才致受人戏弄。①

---

① 见姜彬主编:《中国民间文学大辞典》第 356 页,上海文艺出版社,1992 年 6 月版。

苏南人吃米饭,一般不吃馒头等面食,但宜兴却有每年六月十九日,家家户户都要蒸馒头、吃馒头的习俗。这一习俗,据传是三国时诸葛亮发兵攻打孟获时,长江忽然起了大风,不能行船,诸葛亮筑坛祭天,说:"天啊,求你把风息一息,让我兵进西川,救刘备,杀了孟获的头,再来祭你。"后来果真风停了。诸葛亮擒了孟获后,本打算把孟杀掉,但后来他想,杀他的头,不如收他的心,所以,七擒七纵,让孟获服服帖帖。一年以后,正是阴历的六月十九,正好诸葛亮从长江回荆州,想起去年祭天时许的"用孟获头祭天"的愿,他想了又想,终于想出一个办法,用面粉做个假人头当作"孟头",算是还了自己的愿。当时的老百姓认为诸葛亮做得对,以后便在六月十九日用面蒸作假人头来纪念此事,后来传到宜兴,就成这样的风俗。①

在苏州,七夕这天是乞巧节,姑娘们喜欢用一碗河水和井水掺在一起的"鸳鸯水",轮流用一枚绣花针投在水面,在日光下,看水底的针影,如果像算盘珠或毛笔形状,算是"得巧",如果像棒杵或扫帚形状,就是"拙兆",这就是"乞巧"。这种风俗来源于一个传说故事,据说从前苏州有个巧手姑娘,在家里姐妹中排行第七,称七姑娘。她聪明伶俐,心灵手巧,帮助爸爸把熨烫坏的衣服绣成一朵花,父母生日,她能用巧手绣跟菱角一模一样的香袋。七夕天上牛郎织女相会时,王母令风伯把喜鹊赶跑,她用自己手绣的鹊桥图祭天,这些喜鹊都飞了起来,在天上搭起了鹊桥。织女为了感谢她,送给她三样宝物,她只取了一枚金针,这枚针上有用不完的彩线,绣出来的刺绣鲜艳夺目。后来苏州的姑娘们都模仿着巧姑娘祭拜

---

① 《中国民间故事全集·江苏民间故事集》,陈庆浩、王秋桂主编《江苏民间故事集》第109—110页,台湾远流出版事业股份有限公司,1989年6月版。在江苏许多方言中,发音都近于"孟头儿",读音相近,可能是产生这个传说的一个最重要的因素。

织女,乞求巧手。①

　　无锡、苏州旧时风俗,正月初一要孩子早点睡,并且不点灯火,告诉家中小孩,说是看老鼠做亲。相传从前无锡九里桥有个大户人家,家中人不多,有座旧楼无人居住,关锁已久。一日夜间,忽闻楼内飘出鼓乐声,家人窥看,只见楼内堂屋里有数百个小人,高不到一尺,正在吹吹打打,像嫁女的样子。傧相走在前面,嫁妆十分丰盛。隔天夜里,果然见到新娘的花轿和娶亲场面。原来那些小人都是偷吃了仙草的老鼠变的。大人们向小孩在春节里讲这个故事,引起孩子们的无穷兴趣,所以晚上早早上床熄灯,想看老鼠做亲。苏州也是这样,苏州有一首童谣说:"唧唧唧,啾啾啾,老鼠做亲,红布做裙。忙仔一夜,忘记回门。"②

　　在江苏,有个风俗,做生日总是超前一年做,叫作九不做十。丹阳有一个传说,说明朝时,有个孝子在山上采药,吕洞宾打这里经过,看到这个小王爱管闲事,就对小王说:"明天午时三刻你就不在人世了,快回去准备后事吧。"他看到小王很孝顺,想帮帮他。在小王的请求之下,他就让小王摆一桌庆寿酒,吕洞宾邀请众仙人,其中包括阎罗王一起吃了。到吃完的时候,小王出来了,对阎罗王说:"你怎么能把我的庆寿酒吃了呢?"阎王没有办法,只好在吕洞宾等众仙的说服下,还个人情,把生死簿上小王的"十九岁"前面加个"九",改成"九十九岁"③。所以,后来人们做寿,都提在前一年,这样可以长寿。

----

　　① 《中国民间故事全集·江苏民间故事集》,陈庆浩、王秋桂主编《江苏民间故事集》第111-115页,台湾远流出版事业股份有限公司,1989年6月版。鸳鸯水,是阴阳水之误,河水为阳,井水为阴,合在一起,为阴阳水,正像一男一女,故民间又误作"鸳鸯水"。

　　② 《吴歌己集》,见顾颉刚等辑《吴歌·吴歌小史》第560页,江苏古籍出版社,1999年8月版。

　　③ 《中国民间故事集成·江苏卷》第395-396页,中国ISBN中心,1998年12月版。

高淳有各种民俗喜庆活动，如龙灯、马灯、跳五猖、打水浒、跳花篮、荡湖船、出台角、狮子舞、赛龙舟、龙吟车、跳花钵、踩高跷、麒麟唱、太平锣鼓、送春、采菱舞、蚌精舞、放荷灯、打铜牌等30余种文化活动种类，每一种民俗活动，其实都有民间的传说。如关于"跳五猖"的传说、龙灯的传说，可以告诉人们这些民俗活动的起源。如《杨家兴龙灯的由来》：

听说在宋朝末年，杨家村有个叫杨义泰的，四十开外的年纪，幼时读过几年私塾，喜欢绘画和纸扎，对钓鱼也很感兴趣。

一天下午，他身背鱼篓，手拿钓竿，来到村边的池塘钓鱼。约莫个把时辰，狂风大作，西北边乌云翻滚铺天盖地而来，继而雷声大作。杨义泰刚想收钓回家，忽然池塘中间浪花翻涌，水珠四溅。霎时间，从水底跃出五条巨龙，张牙舞爪，摆尾摇首，张开大口，吞波吐浪，忽上忽下，整个池塘鳞光闪闪，犹如翻江倒海。义泰吓得魂飞魄散，不知所措。一会儿，巨龙潜入水底，只有水面余波拍打着塘埂。杨义泰如梦方醒，猛然想起一句民间俗语："梦龙得子，见龙必死。"今天我见了真龙，回家必定要死。于是他在池塘边默默祈祷："俗语应验，是我命中注定？龙王呀，若是凭我的本事，仿照你的龙体，扎成龙灯，每年元宵灯节热闹一番，以示民乐年丰之意，如神灵应允，请再现身一次，让小人看个清楚。"说完，只见池塘边涟漪微微泛起，龙身慢慢浮现，一出水面，五色巨龙，上下翻腾，左盘右旋，黄龙居中，盘旋而起，红、白、青、黑四龙四周环绕。义泰欣喜若狂，留神细看，默记心头。一刻儿，池塘又风平浪静。

他回家后，逢人就说真龙的出现，是保佑全村平安康泰，风调雨顺。我已许愿，每年正月十五日元宵节兴龙灯，请村里的父老乡亲多多帮助。第二年春节，村里人纷纷捐钱捐粮。义泰亲自当指挥，组织村上的能工巧匠，扎成了黄、红、白、青、黑五色巨龙，每条24节，长约20丈。龙制作别有一番风采：镶嵌着各种飞禽走兽，花鸟虫鱼，各种戏曲人物，栩栩如生，令人目不暇接。

到元宵节时，村里年轻人，脚穿姑娘们用棉纱编织的荷花草鞋，头扎方巾，黄龙配黄色，白龙配白色，每条龙都有标志。义泰亲自指挥盘龙，黄龙居中，旋转几圈就盘饼，饼越高，预示着秋收的稻堆就越高，所以，黄龙盘饼称之为稻堆饼。杨家村兴龙灯自那时起一直至今，远近闻名。

后人把义泰看见龙的那个池塘，改名叫龙潭。龙潭虽靠村旁，而且较深，但从古至今，没有一个小孩落水溺死。老人们说，那是五龙在暗中保护呢！人们为了纪念义泰及五龙，在靠近龙潭不远的东南方建造了一座龙王庙，经多次修葺，一直保存到现在。（见《高淳民间传说》）

南京不打五更的习俗。在明代，民间传说南京城不打五更。这也来源于明代，据南京市民间传说，明初南京城墙一直修不好，城墙下面有一口"海眼"往外冒水，谁都没有办法。刘基给朱元璋出个主意，沈万山有一只聚宝盆，可以把此处海眼堵住。朱元璋就写了借条借去一用，写明三天后五更之前归还。沈万山不能不借，想到皇帝打有借条，言明五更前归还，只好借了去，但朱元璋下令"南京城不准打五更"，从此以后，南京就不打五更了[①]。靖江讲经《大圣宝卷》中也说："沈万三见圣命难违，也就答应借给皇上。不过，他只肯借给皇上用一夜，到明晨五更天的时候必须送还，朱太

---

① 见《沈万山和聚宝盆》，《中国民间故事集成·江苏卷》第107-111页，中国ISBN中心，1998年12月版。

祖说:'好,敲五更鼓送还!'六部大臣就向皇上进言了,聚宝盆埋下城楼,不好拿走,五更天还不出宝盆啊!况且您君无戏语,不可食言,这怎么是好!朱太祖说:'这很容易,传旨下去,从此南京不打五更是了!'"①

第四节 | 江苏山水地名传说

  山水地名的起源,往往与历史上的民间传说有关。山水地名中往往包含很多重要的文化信息。每个地方,都会有许多关于地名的传说。有的地名的起源,由于年代的久远或文献失载,已经不能考证其详了,但民间传说,或许还可以给我们提供一些相关线索。民间的传说不一定完全可靠,但多少会有一点历史的影子。有的虽然不一定真实,但都有一个很优美的故事。

  山水地名传说大多数与当地历史上的名人有关。如天平山万笏朝天:苏州的天平山上山石朝天矗立,是一种很难得的奇景,有"天平山上万笏朝天"的美称。从地理上解释这种自然现象是一回事,但民间传说带给人们的是一个关于真善美的故事。据传说,著名文学家、政治家范仲淹从小与母亲住在苏州天平山咒钵庵,生活很贫穷,每天只烧一顿粥,还要划成几块。他中了进士,看到了做官的贪赃枉法,便弃官归乡。人家都说天平山的石头如万箭穿胸,是块绝地,如果葬在此处,后世永远也做不了官。范仲淹便嘱咐死后埋在这里,要子孙后代都不要做官。他去世下葬时,天气骤变,一阵狂风暴雨,所有的山石都竖立了起来,有的如宰相手中的笏一样,就成了此种奇景。

  南京状元境,据传原来是宋代时秦桧中状元时所居之地。南

---

① 《大圣宝卷》,见尤红主编《中国靖江宝卷》,江苏文艺出版社,2007年8月版。

京有个规矩,凡是街巷,出一个名人,就以这个名人的姓名或官衔命名。秦桧住过这里自然就叫做秦状元境。后来秦桧每做一件坏事,秦字就暗淡几分,秦桧派人加上秦字,至半夜秦字又忽然不见。后来秦桧的孙子中状元,又加上秦字,没过多久也掉了,后来人们干脆称为"状元境",直到如今。

无锡克宝桥传说。明朝嘉靖年间,无锡知县王其勤到任没多久,传来消息,倭寇上了岸,就要来攻打无锡。当下出了一道告示,要全城百姓有钱出钱,有力出力,限七天之内,一定要把无锡的城墙全部重新修好。王知县的儿子王克宝也参加了修城,在工地做监工,一连三天,筑城的老百姓手不停、脚不停,连眼也不曾合一下,他看看身边那些筑城的老百姓,一个个困得实在吃不消了,就答应他们睡一会再筑。才困下去没多久,王知县巡查过来,到了这一段,只见工地上一个人也没有,再朝树林子里一望,横七竖八的都在困觉呢!王知县大怒,问监工之罪,把儿子斩首示众。老百姓无不感激振奋,终于在七日之内完工。后来,无锡老百姓为了纪念王知县父子,就在南门城外的南水仙庙里,供起了王知县的画像,把东门外王克宝被斩的那座小桥,起名叫"克宝桥"。

有的地名与名人无关,可能住的只是普普通通百姓,也同样可以流传。扬州徐凝门街有一条叫"黑婆婆巷"的小巷,虽然没有明确的历史文献记载,但却有很可靠的民间传说。据传说,古时这里曾居住一个寡妇,辛苦带着两个孩子,把孩子抚养成人,她脸色较黑,人称黑婆婆。为二儿子娶亲时,亲家母嫌婆婆脸黑貌丑,撺掇着女儿与婆婆分居,黑婆婆毫不计较。后来,亲家母得了天花病,满脸脓疮麻点,危在旦夕。黑婆婆不计前嫌,为亲家母延医治病,医治好了她的病。亲家母羞愧难当,劝说女儿搬回去住,好好服侍婆婆。此事传为佳话,后此巷就名为黑婆婆巷。

有的地名,随着时代的变化,起源已经不可考。如南京的侯家桥,原来名为候驾桥,观其名,可能就有一段传奇故事,惜不知其详。如南京的止马营,虽然历史上另有记载,但民间传说是"芝麻营"之讹。据传,明代初年,权贵兵部侍郎之子诬陷一位画家,在画家门口插上芝麻秸为标记,让锦衣卫捉拿。马娘娘得知情况,在这条街上每家门前都插上芝麻秸,锦衣卫抓人不止,马娘娘也被抓了起来,朱元璋见到后,知道这是冤案,这位权贵子也被吓死。后来人们为纪念马娘娘,把这条街叫"芝麻营",后讹传为止马营。

第五节 江苏名人传说

历代名人往往在当地留下深刻的印象,成为传说的重要内容。这些名人,大多数都是有书面文献资料记载的,在口承的系统中同样也有丰富的传说。这些口头的传说,往往并不为历史学家所重视。许多历史学家以为,所有材料都要有文献出处,对于民间百姓口头流传的往往不屑一顾。殊不知,这些口承的传说,它的真实性不在于历史的真实,而在于生活的合理。

江苏各地都有一些名人,他们或本地人,或是流寓本地,或是在此为宦,反正只要与这个地方有关,就会有这些名人的传说。比如南京的沈万三传说,徐州连云港等地的彭祖传说,连云港徐福的传说、卫哲治的传说,泰州东陵圣母传说,常州的季札传说,高淳溧水的伍子胥从楚入吴传说,苏州的范仲淹火烧鲎鱼庙的传说,如皋包公出世的传说,扬州欧阳修、扬州八怪的传说,涟水县米芾拒宝石传说,淮安的梁红玉传说,宿迁的项羽虞姬传说,盐城、兴化、江阴、无锡施耐庵的传说,可以说是不胜枚举的。

明初南京巨富沈万三是一个传奇人物。他是苏州吴县(现吴中区)人,名富,字仲荣,因行三,别人因此称其为沈万三,在明初富甲江南。明太祖朱元璋定鼎金陵,欲广外城,但府库空虚,难以完成。沈万三愿承担城墙的一半,以一人之力与国家对半修城,因早完工三日,太祖心中不悦,想要除掉他。恰巧沈万三筑苏州街,以茅山石为心,太祖以此为借口收杀他,把他所有家财籍没入官。沈万三的传奇故事,在南京流传很广。传说他在河里捞到一个聚宝盆,里面要什么有什么,就是因为这个聚宝盆,后来给他带来杀身之祸。朱元璋修城墙,因为城墙下有个"海眼"(出水口),什么东西都不能堵住。朱元璋就借他的聚宝盆用,并且声明在三天后五更前归还,让一个叫田德满的人头顶着聚宝盆跳入海眼,堵住了海眼,这段城门就叫作"聚宝门"。朱元璋就规定南京城不打五更,这个聚宝盆就永远不可能归还沈万三了。关于沈万三的传说还有很多,内容也不尽相同,如他除了聚宝盆之外,还有一宝,就是金丝蛤蟆,传说中的金丝蛤蟆也很神奇,浑身裹着金丝,金光闪闪,而且奇香扑鼻,房子里有了它,永远没有蚊子。朱元璋要逼他交出金丝蛤蟆,沈万三为了不让他落入朱元璋手中,含泪把它扔到了城外秦淮河里,朱元璋派人打捞也没有捞得着。秦淮河一带河多草多,蚊子很多,但丢金丝蛤蟆的地方——秦淮河扫帚巷一条街上,夏天就是没有蚊子①。聚宝盆的传说故事,在清代褚人获的《坚瓠集》里就有记载。说沈万三年轻时贫穷,一夜梦见上百"青衣人"向他乞求救命,第二天早上见到一个渔翁拿着百余青蛙正要宰杀,沈万三一下子感悟,买了下来,放入池中放生。夜里青蛙不停地叫,吵得不能入睡,他早上去赶青蛙,发现池中有一个瓦盆,他把瓦盆拿回家中洗脸用,他妻子的戒指偶尔掉入盆中,满盆戒指一直捞不完,放入其他金银,亦复如是。(见《坚瓠集》余集卷二)金丝蛤蟆的宝物,可能也是来源于此。

徐州据传是彭祖的故乡,向称彭城。彭祖相传是颛顼的孙子,

---

① 详见《中国民间故事集成·江苏卷》第112页,中国ISBN中心,1998年12月版。

陆终的儿子,夏朝人,从夏到商朝,经过八百多年时间容貌不变,经常周游各地,后成仙而去。战国时代就有许多关于彭祖的传说,如《庄子》《楚辞》,汉刘向的《列仙传》等,都有记载。在徐州、连云港民间关于彭祖的传说很多,有的故事已不像《列仙传》《神仙传》那样神秘,而多带有民间的幽默色彩。如东海县流传的《彭祖夸口》的故事,说彭祖自恃八百岁,夸下海口,"谁要有我年龄大,我就把媳妇输给他。"这话被天上玉皇大帝的儿子"祸害一千年"听到,以自己年龄比彭祖大,来领彭祖的媳妇,彭祖没有办法暗自流泪,但他的十八岁的媳妇却很机智善辩,对着"祸害一千年"夸自己的年龄:"你听着:地下黄河是我开,天上蟠桃是我栽。十万八千年才结果,结果那年,张玉皇娶你妈,是我送的亲,养你是我接的胎,我这岁数你算得过来吗?""祸害一千年"没等小媳妇说完,就拉起神驴归天去了。

　　南京高淳固城一带,古时叫作濑渚,属于吴国与楚国接壤的地界。春秋时期的伍子胥就是从这里逃出楚国投奔吴国的,高淳、溧阳都有伍子胥逃难遇浣纱女的故事,浣纱女子给伍子胥指路,用它盆里的米浆给他充饥,当伍子胥走过时,回头望了那个浣纱女,浣纱女为了让伍子胥放心,跳入水中自尽。他深为感激,打败楚国后,把从楚王宫里缴获的三斗三升黄金豆子,遍撒小港附近,并且祈祷说:"日后有人拾到金豆子,要拿出一半钱来买纸锭烧化,祭奠浣纱女,否则就要降灾害病。"这就是当地黄金港名称的由来。

　　梁红玉是巾帼英雄,是抗金名将韩世忠的妻子。她出身低微,做过歌妓,但很聪明,韩世忠还是打更的穷汉,梁红玉就慧眼识英雄,与他结成了夫妻。他们志同道合,后来梁红玉协助丈夫一道抗金,把金兀术赶到了黄河北,守住了淮安城。淮安有不少关于梁红玉的传说故事。

　　各地的传说故事太多,不一一列举。

第六节 | 名产与工艺传说

非物质文化遗产中的民间工艺与技艺，都有自己的传说，这些传说对于我们了解这些非物质文化遗产的产生与内涵，都有重要的意义。因为许多非遗项目，本身都是口承性的，没有多少文字记载的资料，我们研究这些遗产，重要的还是要参考历史上的这些传说故事。

江苏有许多名特产，如苏州采芝斋、松鹤楼、月中桂，苏州年糕的传说，无锡的陆稿荐、三凤桥肉骨头，等等。这些传说，往往说明这些名产特产及工艺的来源，有的有历史背景或典故，有的或许只是一种传说故事，每一种传说背后，都有一定的传奇性。

扬州狮子头，是淮扬菜中的一道名菜。传说唐代郇国公宴请宾客，请府中名厨韦巨元做仿制园林风景的菜肴。韦仿制隋炀帝下扬州观琼华苑而做的四大名景菜肴，最后一道菜是葵华献肉，用肉圆子做成葵花心，犹如雄狮子之头，宾客劝酒时，称赞郇国公"应佩九头狮子帅印"，后遂改"葵花献肉"为狮子头，从此红烧或清蒸的狮子头，就成为淮扬菜中的一道名菜。这个传说是有历史记载的。

大多数的传说，只是一种故事，并不一定有真实性。陆稿荐是苏锡常一带很有影响的老字号，陆稿荐的酱香排骨特别出名。苏州、无锡都有关于陆稿荐的传说。稿荐，是用草编成的席子。据传说，有一对姓陆的夫妻开一家卖肉骨头的店，生意一直很清淡。有一年除夕晚上，夫妻俩看到门外来了个年老的乞丐，背个草席，气息奄奄，夫妻俩就拿家里的食物给这个乞丐。这个乞丐临走时对店主说："你救了我的命，我就把这个草席送给你吧。"乞丐走后，这对夫妻烧肉骨头时，用乞丐的破稿荐来烧火，一下子发现烧出的肉骨头有奇香,香气四溢,吸引了远近的顾客,从此以后小店生意很兴隆,后来发展很快,店名改为陆稿荐①。

有一种中草药,名为"刘寄奴"。刘寄奴是南朝宋国君刘裕的小名,刘裕是徐州人。关于草药刘寄奴的起源,有一种传说:南朝宋武帝刘裕小时候,家里贫穷,靠打柴卖柴为生。有一次,他射杀一条蛇,蛇钻入草丛中。后来他看到芦苇丛中有一个青衣童子捣药,上前问话。青衣童子说:"家主被刘寄奴射伤。"刘裕问:为何不报仇? 童子说:"刘寄奴乃真命天子,不敢伤害。"刘裕大喜,大喝一声:"我乃刘寄奴也。"青衣童子立刻跑掉,刘裕捡回此药,用来敷金疮,有奇效,后来此药就命名为"刘寄奴"。这种草药名起源甚早,在宋刻本的本草医书上就有"刘寄奴"的药名了。

又如苏北凉粉的传说。传说清代咸丰皇帝出游到苏北,为解暑消热,到一个凉粉担前吃了一碗凉粉,吃过后清心爽口,暑热全消,连吃两碗仍不满足。吃过后转身要走,卖凉粉的问他要钱,咸丰皇帝身上没有钱,只好以身上的马褂作抵押,要他明日到内务府换三百两白银,第二天果真如此,卖凉粉的怕皇帝翻脸无情,拿着钱就赶快远走高飞了。

民间工艺的传说。江苏的民间工艺很发达,有关民间工艺的传说众多。这种传说往往表明工艺的起源或技艺的精湛。如苏州丝绣名家沈寿的传说,沈寿原名云芝,所做苏绣极为精美,在慈禧太后万寿节时,苏州织造以沈寿的《八仙进贡图》贺寿,沈寿将图中的王母娘娘绣成慈禧的样子,慈禧大悦,书一"寿"字赐给她,故改名沈寿。

宜兴紫砂史上清代著名艺人龚春。据宜兴传说,龚春少年时代师从僧人学习制陶,后来自己摸索出在壶身上用堆花的办法做出各种形式的壶,打破了原来的光坯或浅花,做出了茶壶名品"供

---

① 陆稿荐的传说,无锡、苏州两地均有,故事内容大同小异。

春壶"和莲叶蛤蟆壶①。清代嘉庆、道光年间,另一位制壶名家邵大亨,也是很有传奇色彩的人物,他制作的大亨壶极为名贵。苏州知府得一大亨壶,奉若至宝,丫环不小心打破了,要以命抵偿。邵大亨为了救丫环,拿出家中的六把大亨壶,任知府挑选一把,并把其中五把摔碎,以示抗议。

常州竹篦,是一种很精致的工艺。常州是竹篦的传统产地,有很多工匠从事竹篦生产。在春秋时常州就有了竹篦生产。说有一个叫陈七子的囚徒,由于身上虱子多,难以入睡,因看到毛竹板被打裂,形成一丝丝很细的竹丝,想到用竹做成梳齿,发明了竹篦。现在常州的竹篦艺人还有祭竹篦始祖时唱的歌②。

南京云锦是国家级的非物质文化遗产,云锦中的金边牡丹更是出名。关于金边牡丹的来源,在云锦匠人中有许多流传。据多名云锦匠人回忆:从前在南京龙潭附近山脚下,住着一户人家,夫妻二人以织锦度日。有一天,突然一只小鹿跑了进来,在他们面前跪了下来,然后钻进屋里。紧接着后面进来了猎人,问有没有见到一只鹿。老夫妇立刻会意了,骗走猎人,保护了小鹿。鹿获救了,朝他们一跪离开了。不久,小鹿又回来了,嘴里衔了一根草,放在这对夫妻脚下。老夫妇把这根小草种在地里,第二年开出了很少见的漂亮的金边牡丹。夫妇俩将金边牡丹织成锦,红花黄边,煞是好看。这事惊动了乾隆皇帝,乾隆到龙潭来看到金边牡丹,把花挖走,移到皇宫,但来年开的花却不是金边了,和普通的牡丹花没有两样。旧时的云锦匠人都要到龙潭去看金边牡丹,目的就是要通

---

① 《宜兴紫砂壶》,见《中国民间故事全集》第 23 种,陈庆浩、王秋桂主编《江苏民间故事集》第 209 页,台湾远流出版事业股份有限公司,1989 年 6 月版。

② 姜彬主编:《中国民间文学大辞典》第 814 - 815 页,上海文艺出版社,1992 年 6 月版。

过看花,练习眼睛,织出活色生香的花卉①。

此外,像无锡惠山泥人大阿福的传说、扬州谢馥香鹅蛋粉的传说、扬州剪纸的传说还有很多,每一种工艺,都有很丰富的传说故事。

第七节 民间传说的文化影响

民间传说的形成是一个发展的过程。在事件发生或起源的当时,传说的可靠性就比较大,比较接近原貌,后来随着时代的发展,渐渐产生变异,时代愈远,故事的成分愈大,愈失真,有些到最后就变成了纯粹的民间故事。

但是,如果民间传说里可以追寻一些历史的痕迹,虽然不可全信,但有些传说还是有一些可信的成分的。如南京燕王朱棣的传说、扬州史可法掮湿木梢的传说多少有一些历史的成分在内。即使有些传说,真实性不大或不可靠,但作为一种传说,它反映民间百姓共同的心理与愿望,之所以会成为这样,正是因为百姓"人同此心,心同此理",才会有共同的类型或母题,形成今天我们看到的口头传说的样子。

一、从文字载体改编

我们今天所谓的口头传承的这些传说故事,有一部分可能是历来口耳相传的,受文字载体的影响比较小;但有相当一部分,在传承过程中,受文字载体的影响很大,或者本身就是从文字载体演化过来的,这一部分传说,我认为,应当加以甄别,对于完全从文字

---

① 《金边牡丹(十则)》,见《民间文学作品选》(上)第 112-123 页,上海文艺出版社,1984 年 4 月版。

载体演化过来的传说,也应当"辨伪"。例如,《中国民间文学大辞典》中有许多所谓的民间故事,其实就是直接从文字载体中改编的,不能算是民间口承的文化资源。如有一则《孙武练兵》的故事,讲孙武为吴王练兵,吴王选三百宫女,让孙武操练,孙武申明军纪,严格要求,但这些宫女仍然是嘻嘻哈哈,手舞足蹈,孙武两次警告,两名宫女仍然如故,第三次故意嬉笑时,孙武下令斩首,吴王说情也不行,孙武严格军纪,杀了两个宫女。从此,军纪严整,再没有人敢视军纪如儿戏了。这个故事并不是民间的传说故事,内容完全出自《史记·孙子吴起列传》。我认为,它不是口承传说故事,这类的例子还很多,应当加以辨伪,对于伪口承,当予以剔除。

二、文字载体的传讹

还有些传说故事可能本来有一些传说,但后来在传说过程中加入过多的文字传讹,使传说的成分越来越少,有的甚至成了文字改编的故事。如南京莫愁湖莫愁女的传说,本来就是六朝民间的传说。但是在现在的流传过程中,被文人变异,如台湾版的《江苏民间故事集》中的《莫愁湖》完全是根据梁武帝《河中之水歌》和初唐沈佺期的《古意呈补阙乔知之》的诗句附会出来的,沈佺期的诗有许多是用典,并不是实写,不宜一一坐实,坐实之后,已经非原来民间流传的故事,只成为文字传讹。这种民间故事也是一个"伪口承",肯定出于一个略通诗文的文人之手,对此应当予以甄辨。

三、文字与传说互相影响

对口承故事的正确的态度,应当是把文字载体故事与口头传承故事分开对待。有许多题材是口头与文字共有的,它们在历史上可能是两个系统,在发展过程中可能相互影响,如口头传承的故事被文字记录下来,成为文字载体;或者文字故事给口承者提供故事的原本;或者双方在各自的发展中,相互借鉴。但口头传承与文字传承不能完全同化，正是因为它们之间的不同，才显示出口承与文字有各自自身的价值。

如田螺姑娘的故事是一种带有传说的童话故事。在现代全国许多民族与地区，民间都有流传田螺姑娘的故事，中原、江浙、广东沿海等地区及台湾高山族都有类似的童话故事。多是说人们从水田拾到田螺带回去，在没有人的时候，田螺变成美女从壳子里出来，替男主人做饭或做家务，最后他们结为夫妻。这个故事全国各地流传的大同小异。

这种传说在古代的载籍中也有许多记载。如托名东晋陶潜的《搜神后记》有一篇《白水素女》，说福建有一男子谢端，得一大螺，养在瓮中。有一天回家，发现家里的饭菜已经做好，谢以为是邻居帮忙，向邻居道谢。邻居说是他家的一个女人做的。谢端感觉奇怪，就躲在外边看。田螺姑娘因被看破，不能留下了，因此，将螺壳赠送给谢端，便乘风雨回到天上去了。唐皇甫氏《原化记》中有一篇《吴堪》记载，常州义兴（今宜兴）吴堪与田螺姑娘的故事，与上述故事相近。只不过，在这个故事中，男女双方结为了夫妻。古书中这种类型的故事很多。最早记载田螺姑娘故事的是西晋束皙的《发蒙记》。大概田螺传说是很有神秘色彩的，也是很有浪漫色彩的，所以口承与文字上都有丰富的资源，可以说是互相影响。

四、民间传说可补历史之不足

民间传说对于书面载体也有自己的作用，可以补充历史载籍的不足。传说的真实性很难一概而论，有的是真实性很高的，特别是时代较早，或距历史事件最近的传说，往往可靠性越大。中国历史载籍如《左传》《史记》都有不少采自民间的传说故事。司马迁在写《史记》过程中，除了官藏文献外，还在各地搜集大量的传说故事，如《高帝本纪》中刘邦的少年生活、《项羽本纪》里霸王别姬的情节都没有历史记录，而是得之于传说。在缺乏历史文献的情况下，有些传说就显得尤为有价值。即使有些有历史文献,但传说与文字异辞,那么传说也很有参考价值。南京所流传的明代燕王朱棣靖难之役的传说,就是很有价值的口承文献。

　　据说,燕王朱棣出生的时候,朱元璋做了个梦,梦见都天菩萨来向他"讨金殿",原来朱元璋早年间,有一天深夜,路过一座破庙,朱元璋对菩萨许愿说:"菩萨啊,你今晚要是把庙烧掉照个路啊,将来我一定给你造个金殿。"朱元璋已经忘记此事,忙一脸堆笑说:"都天菩萨莫计较,我说的是玩笑话。如今赔你一座佛殿也就罢了?"菩萨说不行。"一座银殿还不行吗?"都天菩萨"哈哈"一阵笑:"皇帝说话不算数!不给,我就自己来取金殿了!"朱元璋吓出一身汗,梦醒了,正在此时,太监进来禀报:"碽妃生了个儿子。"

　　碽妃本是元朝的妃子,怀胎后,朱元璋总疑心不是他朱家的亲骨血。此刻朱棣又不早不晚地出世了,只怕是都天菩萨投胎来向他要金殿的。朱棣就成了他的一块心病。

　　明城墙建好后,朱元璋带着群臣百官登上后宰门城墙,群臣都夸城墙高大,固若金汤,但朱棣却说:"父皇,这城好是好,可惜没有把紫金山包进来。如若敌人来犯,登紫金山把大炮一架,就能炮炮打中后宰门。"朱元璋听过之后很吃惊,对这个儿子很戒备。转身从小太监捧的食盒里,拣了只又大又红的蜜橘。亲手剥皮撕筋,笑嘻嘻地赏给儿子吃。晚上朱棣和妈妈说起这事,碽妃一听,吓得魂不附体,说:"棣儿,不好,父皇赐你橘子,是要剥你的皮,抽你的筋,赐你死呀!你快逃命去吧!"

　　第二天碽妃谎称到城西清凉寺烧香,带着朱棣走出宫中,让朱棣沿江往北逃走,逃到北方。朱元璋发现后很生气,把碽妃囚禁在朝天宫和三山门之间的铁窗棂。朱棣逃到北方后,向他父亲报告自己到了北京，朱元璋为了买个安宁，就势封他为燕王，不准他回南京。

朱元璋死后，皇位传给长孙建文帝，燕王开始起兵造反，攻打南京城，寻找被关在囚牢里的母亲。这时碩妃已经死去，朱棣一气之下，把铁窗棂牢房铲为平地（现在还留下这个地名）。他在聚宝门外的高岗上，建了一座大报恩寺，里面有一座琉璃宝塔——报恩寺塔，十一层高，每层塔的四角都挂有通明的琉璃灯，照得全城金光闪烁。在塔的对面修了一条街，叫西街，好让他母亲灵魂升到西天①。

这个传说故事，基本的内容是真实可信的。马渭源先生的《朱棣卷》（东南大学出版社）已作过详细的考证，证明这个传说是可信的。

---

① 《燕王破城》，见《中国民间故事集成·江苏卷》第 115－117 页，中国 ISBN 中心，1998 年 12 月版。

第六章
江苏的民歌民谣

第一节 | 江苏的对山歌风俗

民歌,就是产生于民间、流行于民间的抒情叙事的歌谣。民歌,又名山歌、水调、榜人歌,即舟人所歌,吴人多能之。王世贞《艺苑卮言》说"吴中人棹歌,虽俚字乡语,不能离俗,而得古风人遗意,其辞亦有可采者",并举了"月子弯弯照九州""约郎约到月上时"为例。

山歌之名,起源于唐代,白居易《琵琶行》里说:"岂无山歌与村笛"。李益《送人南归》诗:"无奈孤舟夕,山歌闻竹枝。"释文莹《湘山野录》:"吴越王为牛酒大陈,乡人高揭吴喉,唱山歌以见意。"山歌是南方一带民间歌谣的通称。江浙一带唱山歌风习很盛。叶盛《水东日记》:"吴人耕作或舟行之劳,多讴歌以自适,名唱山歌。"陆容《菽园杂记》云:"吴越间好唱山歌,大率多道男女情致而已。"山歌又叫舟人之歌,并不一定与山有关,"山"只是山野之意。江苏民歌最有代表性的就是流传于苏南一带的吴歌。在苏北,里下河地区的民歌也很盛行。

江苏对山歌风俗。夏秋间的夜里,青年男女在豆棚瓜架下纳凉,往往唱山歌相应答,谓之对山歌。甲方唱了发问的歌,乙方对不出,就算输了。乙方答出来,甲方不能再问下去,也算输了。因此,会唱山歌的人,往往问答得很长很长……这种歌词,写在书本里看着固然觉得很单调,但在他们清夜高歌的时候,我们听着实在非常美丽的[①]。顾颉刚的朋友陈万里说,他少年时,住在苏州乌鹊桥,每于夏日夜里,听隔着河流的青年男女两队对山歌,自抒己意,出口成章。男女对唱,多为抒发爱慕之情,或为了娱乐,这与广西

---

① 顾颉刚:《苏州的歌谣》,见《顾颉刚民俗学论集》第 360 页,上海文艺出版社,1998 年 10 月版。

少数民族对山歌谈恋爱,均极自然。对山歌谈恋爱的方式,并不限于广西等少数民族地区,在汉族地区,特别是苏南一带,同样非常盛行。江阴有一首船夫与洗衣姑娘的对山歌——《吃郎茶来是郎妻》,写一个撑船少年与河边洗衣的姑娘的对唱,撑船少年不小心弄湿了姑娘的罗裙,两人不打不相识,开始对唱,互问生辰八字,和各自家里情况。可见唱山歌是当时一种颇为流行的青年男女谈恋爱的方式。

　　对山歌是青少年谈恋爱的一种主要方式,通过山歌可以试探一下对方有没有心意。"年少后生主意多,隔河唱首好山歌。半假半真唱一遍,未知姣娘意若何。"①吴越地区会唱山歌的人很多,几乎是当时青年男女共同的生活方式。山歌是即兴发挥,随口可以唱的,收进吴歌诸集的只是少数,还有更多的在民间自生自灭。比如一首江阴民歌《肚里山歌用船装》说:"杨树扁担软汪汪,肚里山歌用船装。大船小船都装满,看看不到一根毛。"②《我有山歌和你拼》:"百哥头上一簇云,我有山歌和你拼。若有山歌拼不过你,引线头上竖立心。"②《四句头山歌勿烦难》:"四句头山歌勿烦难,牛角攀弓两头弯。麻雀飞过东洋海,鳑皮跳过洞庭山。"③

　　江苏对山歌的内容极广,举凡天文地理、日月星辰、草木花卉、农事生活,都可以随机即兴问答。如关于花草的《啥个生来》④:

啥个生来节节高?

---

① 《年少后生主意多》,见顾颉刚等辑《吴歌·吴歌小史》第517-518页,江苏古籍出版社,1999年8月版。
② 《吴歌己集》,见顾颉刚等辑《吴歌·吴歌小史》第571页,江苏古籍出版社,1999年8月版。
③ 《吴歌己集》,见顾颉刚等辑《吴歌·吴歌小史》第571-572页,江苏古籍出版社,1999年8月版。
④ 《吴歌己集》,见顾颉刚等辑《吴歌·吴歌小史》第573页,江苏古籍出版社,1999年8月版。

啥个生来直苗苗?
啥个生来不落叶?
啥个落叶棒来敲?
竹头生得节节高;
梧桐树生得直苗苗;
冬青树生得不落叶;
芝麻落叶棒来敲。

又如《啥鱼白勒啥鱼黑》[①]:

啥鱼白勒啥鱼黑?
啥鱼嘴浪带须须?
啥鱼背心浪掮枪过?
啥鱼脚踏太湖梢?
白鱼白勒乌鱼黑;
泥鱼嘴浪带须须;
鲰鱼背心浪掮枪过;
脚鱼脚踏过太湖梢。

唱山歌只是他们的生活方式,是他们的一种娱乐,表达他们的要求,并不是他们过得很幸福。"唱唱山歌散散心,呒笃当我是快活人。吃着朝顿无夜顿,黄连树下来操琴。"[②]

吴歌对山歌的风俗,历史很悠久,至少在明代时就很流行了。冯梦龙《山歌》中有一首《唱山歌》:"千阿哥,万阿哥,那了我里街前

[①] 《吴歌丙集》,见顾颉刚等辑《吴歌·吴歌小史》第324页,江苏古籍出版社,1999年8月版。

[②] 《吴歌乙集》,见顾颉刚等辑《吴歌·吴歌小史》第289页,江苏古籍出版社,1999年8月版。

屋下唱山歌。唱得小阿奴奴千叶牡丹花心里悠悠拽拽介动,好似绣花针拨动疥虫窠。"

"舟泊梁溪莫拍曲,船过无锡莫唱歌",这是流传于苏南一带的老话。据说,最好的歌手,船一进无锡境就闭口了,因为无锡都是山歌大王,一对口就会输。无锡地区的吴歌,蕴藏量十分丰富。旧时,各地缘皆有"歌亭",黄土塘人平时调养情结,爱唱山歌,村民们经常自发举行赛歌,有对口山歌、爱情山歌、摇船山歌、耘稻山歌。

在苏北扬州地区,也有类似的对山歌的风俗。《扬州民歌集》中收录了一些,也可以看出同苏南相近的特点。扬州民歌也叫山歌,与江南一样,风格大体相近,虽然扬州在江北,但与江南相比,差别并不大,仍然有一种江南风情。扬州民歌受江南吴歌影响很大,其中有许多民歌,同样也是流传于江南的民歌,字句都没有多大差别。扬州民歌受扬州方言的影响,中原音韵占比重较大,比江南吴歌更北方化一些。扬州的山歌,同江南一样是以抒写爱情居多,风格是婉转、清新,多用比喻与谐音双关的修辞手法。

第二节 | 吴歌的历史

吴歌地域,在古代是一个比较广的概念,不仅仅限于吴地,在古人的叙述中,越国的歌也属吴歌。古谓三吴,吴兴(湖州)、吴郡(苏州)、会稽(杭州嘉兴一代)。《吴趋行》是吴歌中歌颂本地景物的诗,崔豹《古今注》谓《吴趋行》"吴人以歌其地也"。《吴都赋》:"荆艳、楚舞、吴歈、越吟。"观钱镠"高揭吴喉唱山歌"可知。吴越之歌相近,越《越王夫人歌》和吴《采葛妇歌》形式上差不多[1]。

---

[1] 见杜文澜:《古谣谚》卷二十三第 359-360 页,中华书局,1958 年 1 月版。

吴歌在春秋战国时称吴歈。吴歌具体起源于什么时候不清楚,但不会比《诗经》迟。《左传·哀公十三年》"吴申叔仪乞粮于公孙有山氏,曰:佩玉䌽兮,余无所系之。旨酒一盛兮,余与褐之父睨之。"近于楚辞之体。(陆侃如《读〈吴歌小史〉》)

《楚辞·招魂》有"吴歈蔡讴,奏大吕些"。《汉书·艺文志》歌诗类中有"吴楚汝南歌诗一种"。《隋书·经籍志》著录有《吴声歌曲辞》一卷。《晋书·乐志》:"吴声杂曲,并出江南,东晋以来稍有增广。《子夜歌》《懊恼歌》,始皆徒歌,既而被之管弦。"西晋陆机有《吴趋行》云:"楚妃且莫叹,齐娥且莫讴。四座坐清听,听我歌吴趋。吴趋自有始,请从阊门起。"崔豹《古今注》:"吴趋曲,吴人以歌其地也。"说明陆机也是模仿民间俗曲而创作的。郑樵《通志·乐略》:"白纻歌,为吴人之歌。吴地出纻,又江乡水国自多凫鹜,故兴其所见以寓意焉。始则田野之作,后大乐氏用焉。其音出入清商调,故清商七曲有子夜者,即白纻也。"吴声歌曲与荆楚西声都属于清商曲。

汉乐府民歌《江南可采莲》:"江南可采莲,莲叶何田田。鱼戏莲叶间。鱼戏莲叶东,鱼戏莲叶西。鱼戏莲叶南,鱼戏莲叶北。"回环反复,形象鲜明,音调和谐,文字活泼,显示了民歌的本色。它展示出江南农村美丽的自然风光。此歌是吴声杂曲最古老的五言乐府诗,可能是汉武帝时代所采的"吴楚汝南歌诗"。《晋书·乐志》:"凡乐章古词存者,并汉兴街陌讴谣《江南可采莲》《乌生十五子》《白头吟》属也。"吴声杂曲本是徒歌,乐府被之管弦,变为乐歌了,代表有乐曲《白纻》与《子夜歌》。在吴为《白纻》,在晋为《子夜歌》,歌词极优美。郭茂倩《乐府诗集》中卷 44~51 所录皆是吴声歌。可见那个时候吴声歌的繁荣局面。《江南可采莲》吴歌善用谐音双关,借字寓意。

魏晋时吴歌很盛行。《世说新语·言语》中"桓玄问羊孚:'何以共重吴声?'羊曰:'当以其妖而浮。'"顾颉刚说:"吴声,当是歌声。所谓妖浮,正与郑声同也。"(《吴歌笔记辑录》)《古今乐录》曰:"《龙笛曲》和云:'江南音,一唱值千金。'"由于当时很流行,引起文人的纷纷模仿。南朝宋时鲍照有拟作《吴歌》三首。西晋时张翰《秋风歌》:"秋风起兮佳景时,吴江水兮鲈正肥。三千里兮家未归。恨难得兮仰天悲。"(《中吴纪闻》卷三)也当是拟吴歌而作。

南北朝时,南朝民歌中著名的吴声歌有《长干曲》《子夜歌》《子夜四时歌》等。还有一组《神弦歌》,共有11首,为祭神迎神之曲,相当于吴地之"九歌",可见吴地巫风之盛,不亚于战国时代的楚国。著名的吴歌《华山畿》25首,起源于一个哀婉的爱情故事。南徐州(今江苏镇江市)有一士子从华山前过云阳(今江苏丹阳),见客舍有一个十八岁女子,私相爱慕而病。其母知故,前往华山寻访该女子。女子感动,脱下自己的围裙,让放在士子卧席下,其病可愈。士子病稍愈,见女子围裙,遂吞食。气将绝,对其母说:"死后灵车要从华山边经过。"灵车到女子门前,拉车的牛不肯前行。女子沐浴梳妆,出而歌:"华山畿,君既为侬死,独生为谁施?欢若见怜时,棺木为侬开。"棺木应声而开,女子跳入棺内死。二人合葬,后人称其墓为神女冢,其歌因名"华山畿"。江苏丹徒石桥乡今有华山村,尚流传这种传说。

魏晋南北朝的吴声,往往是经过文人的记录与加工,虽然比较典雅,但民歌的风味损失了不少。周作人说:中国叙事的民歌只有《孔雀东南飞》《木兰》等几篇,现在流行的多半变形,受了戏剧的影响,成为唱本。抒情的民歌有《子夜歌》等,但经文人收录的,都已大加修饰,成为文艺作品,减少了科学上的价值①。

唐代时,吴歌的影响继续扩大,唐代的著名诗人崔颢、王翰、李白都有模仿吴歌的作品。吴歌到唐代范围也有很大的扩展,像《江

---

① 《江阴船歌》周作人序,见顾颉刚等辑《吴歌·吴歌小史》第399页,江苏古籍出版社,1999年8月版。

陵女歌》《黄竹子歌》本为江陵曲,也就是六朝时的西曲歌,唐代亦谓之吴歌。《乐府诗集》卷四六引唐李康成的话:"《黄竹子歌》《江陵女歌》,皆今时吴歌也。"盖因三国时吴都于武昌,而唐时统归于吴歌。中唐时扬州歌女刘采春和她的丈夫、亲戚组成一个小小的戏班,流动演唱,曾到杭州为诗人元稹演出,唱了一组闺中思妇望夫的《啰唝曲》,非常感人。如"不喜秦淮水,生憎江上船。载儿夫婿去,经岁又经年。""莫作商人妇,金钗当卜钱。朝朝江口望,错认几人船。""一唱是曲,闺妇行人莫不涟泣。"①吴歌多四字句的格式,在唐代以前的六朝民歌是五言四句,中唐以后民歌基本上都是七言四句。观柳宗元、刘禹锡模仿的民歌可知。唐末钱镠所唱的"吴歌":"你辈见奴底欢喜,别是一番滋味子,永在我奴心子里。"唐代吴歌仍然沿用六朝时的双关、隐语及顶真手法。因为吴歌属于民歌,与文人诗歌不同,多用俗语,不甚重视平仄,在唐代,诗人常把不合平仄的拗体,叫"吴体"。杜甫《愁诗》自注云"强戏为吴体",此诗不谐律调。晚唐陆龟蒙是吴地人,诗中多仿"吴体"。②

但唐时,吴歌有雅有郑,像六朝时的清新婉转的吴歌渐少。范成大《吴郡志》卷二《风俗》云:"唐初古曲渐缺,管弦之曲多讹失,与吴音渐远……《唐会要》:贞观中,有赵师者善琴独步,尝云:吴声清婉,若长江广流,绵绵徐游,国士之风。今乐府有《吴音子》,世俗之乐耳。"③宋代吴歌,名"唱山歌"。宋代以后的吴歌几乎全是七言的,虽然中间加了不少衬字,但除了这些衬字,基本上都是七言。可能这就是与魏晋六朝的不同之处,唐人所谓的俗乐乎?今可知的宋代吴歌,有宋代俗曲《罗裙十二摺》《剪剪花》《绣荷包》。还有

---

① (唐)范摅:《云溪友议》卷下,中华书局,2017年1月版。
② 顾颉刚:《吴歌笔记辑录·杜甫吴体诗》,见顾颉刚等辑《吴歌·吴歌小史》第644页,江苏古籍出版社,1999年8月版。
③ 顾颉刚:《吴歌笔记辑录·吴之乐歌》,见顾颉刚等辑《吴歌·吴歌小史》第645页,江苏古籍出版社,1999年8月版。

一首,就是很著名的《月子弯弯照九州》,流传最广,详后。

明代吴歌,越来越得到文学者的重视。冯梦龙的《挂枝儿》《山歌》是对吴歌的收集。冯梦龙第一次有意识地收集吴歌,对吴歌做了全面的记录,并给予吴歌很高的评价。他选择吴歌的标准是描写男女之情,就像六朝的吴声歌一样,非爱情的诗歌可能就在摒弃之列。明末的吴歌是否就全是爱情的呢?答案当然是否定的。当时肯定会有大量的儿歌,也肯定会有社会生活各个方面的内容(从顾颉刚诸先生收集出版的吴歌诸集就可以知道这一点)。清人褚人获《坚瓠集》里颇有几首非爱情的吴歌,如"树头挂网柱求虾,泥里无金空拨沙。刺潦树边栽狗橘,何时开得牡丹花"。

冯梦龙对所搜集的民歌文本进行了润色或加工。有些山歌,可能原来是较粗糙的,但经过冯梦龙之手,文字看起来就更漂亮了。从这两个集子看,冯梦龙确实对吴歌有过一些文字上的润色与加工,但基本上不影响吴歌原貌。《挂枝儿》稍嫌文人化,用的语言是通俗浅近的官话,主要写歌妓的生活与爱情。《山歌》的语言则是地道的苏州一带的吴方言,更有地方特色,原汁原味,《山歌》的内容较广泛,大多数仍是写妓女生活的,有极少数写一般妇女的爱情。

清代以后,四句头的山歌没有了,原来的谐音双关也没有了。除了儿女私情的歌谣外,还有一些描写下层百姓普通生活的歌谣。特别是民国初年,以描写各地风景或十二月花名,出现了流行一时的《无锡景歌》。流传得很广,成为一种曲调,衍生出了各种"景",有苏州景、上海景、江阴景、西湖景等,不胜枚举。《十二月花名》也是民国初年风靡一时的。

明清时代,吴方言演唱的弹词在苏南特别流行,弹词是以苏州为中心的吴方言演出的说话艺术。有说有唱,以琵琶、三弦伴奏,有一人自弹自唱的,也有演唱伴奏的。弹词是当时人们特别是妇女最主要的娱乐方式。在弹词开始时,演唱者往往用些大家所熟悉的吴歌作引子,有时在中间也会用一些以提起人们的兴趣。"弹词者每于妓女小丑或樵夫渔父等出场时,尝唱小曲山歌。盖弹词音调单纯,久听则厌,唱者乃于此等不庄重处夹唱别样歌曲以新人耳目也。"(李家瑞先生来信)因此,弹词唱本中记载了大量的吴歌,而且多是原汁原味未经文人改写的。弹词的听众多为女性,作家也多女性。在江浙一带有几部非常著名的长篇弹词,如清初陶怀贞的《天雨花》、乾隆时陈端生的《再生缘》(一直到道光时才由人续完)、咸丰时邱心如的《笔生花》。鸦片战争前后福州李桂玉所写的《榴花梦》长达 360 卷,483 万字,篇幅是《红楼梦》的 4 倍。

弹词《双珠凤》与《双玉杯》都收有同一首吴歌但字句稍有差异,说明必非弹词人自己编撰。与之相应的,清末民初,石印的各种俗曲唱本很多,有短篇说唱故事的,有长篇的,分好多册出版的,在地摊上经常能看到。虽然也是江浙一带吴语歌谣,但大部分是下等文人或鬻歌的人为赚钱而做出来的。这也是吴歌重要的载体。

第三节 | 吴歌的变异

一、不同时代的记录与改编

吴歌也是随时代而变化的。时代变化了,旧的事物逐渐消失,新的事物渐次出现,人们的社会经验不可能一成不变,所以,在歌谣的传承中,自然地淘汰那些已经过时的消逝的事物,吸纳新生事物,使歌谣带有明显的时代特征。如陕北民歌《十等物》,里面说过电线、铁路、枪炮、汽船等,说明它是近代社会的产物。

有一首吴歌《约郎约到月上时》,从明到清有许多不同版本的记载,不同版本之间有些细微的差异,我们可以看看不同时代,不同记录者笔下的吴歌作品,也可以从中看到它的变异。

（1）明代成化时期文本。汤沐《公余日录》："成化初遣官成采实录。有某进士者,当往某处,有司汇集诗文以上,彼独取《樵妇吟》一首,云：'与郎相期月上来,及至月上郎不来。妾在平地见月早,郎在深山见月迟。'盖得古体也。今读之宛然怨而不怒之意也。"这是文言体的。

（2）嘉靖前后,王世贞记录的文本："约郎约到月上时,只见月上东方不见渠。不知奴处山低月上早,又不知郎处山高月上迟。"文言中略有方言词汇。

（3）明末冯梦龙《童痴二弄·月上》："约郎约到月上时,那了月上子山头弗见渠。咦弗知奴处山低月上得早,咦弗知郎处山高月上得迟。"这是方言体。

（4）清初褚人获记录的文本："约郎约到月上时,看看等到月蹉西。不知奴处山低月出早,还是郎处山高月下迟。"

（5）民国初年《吴歌乙集》文本："约郎约到月上时,等郎等到月差西。不知奴处山低月出早,还是郎处山高月上迟。"

不同时期的《月子弯弯照九州》的演变。

（1）南宋初年《京本通俗小说》之《冯玉梅团圆》中记载：吴歌云："月子弯弯照九州,几家欢乐几家愁,几家夫妻同罗帐,几家飘零在他州。"此歌出自南宋建炎年间（1127—1130）,述南渡时民间离乱之苦。

在宋赵彦卫《云麓漫钞》中就有记载,云：月子弯弯照九州,几家欢乐几家愁。此二句乃吴中舟师之歌,每于更阑月夜操舟荡桨,抑遏其词而歌之,声甚凄怨。

（2）此曲可能当时流行颇广。杨万里《诚斋集》里,说夜间乘船经过丹阳,听到外面船工纤夫所唱的号子："一休休,二休休,月子弯弯照九州。"还有一首："张哥哥,李哥哥,大家一起着力拖。"①

（3）明叶盛《水东日记》卷五："吴人耕作或舟行之劳,多作讴歌以自遣,名'唱山歌',中亦多可为警劝者,漫记一二。其一:'月子弯弯照几州,几家欢乐几家愁？几家夫妇同罗帐,多少飘零在外头。'"

（4）清人雷琳《渔矶漫钞》："吴歌惟苏州为佳。往往得诗人之体。如《月子弯弯》之歌,罗宗吉翻以为词,云:'帘卷水西楼。一曲新腔唱打油。宿雨眠云年少梦,休讴,且尽生前酒一瓯。明日以登舟,且指今宵是旧游。同是他乡沦落客,休愁,月子弯弯照几州。'"②

二、不同的来源,文字表现出来也不同

同是吴歌,有些可能是方言很明显的,有些是方言不明显的,更接近于书面的歌谣。如《吴歌甲集》里有不少民歌,并不那么统一,有的全是方言,有的全是文言。如第 72 首《小春天气放芙蓉》、第 73 首《桃红柳绿春景天》、第 74 首《茅舍萧萧傍竹篱》、第 75 首《恩爱夫妻不久长》、第 76 首《金风玉露动秋凉》、第 77 首《秋天明月桂花香》都是文言,从题目也可以看出来,这几首歌可能都来自书本,如弹词或俗曲唱本。《吴歌丁集》中的《家住江南文盛邦》完全是文人的雅词,皆非民间歌谣。《吴歌丁集》第 98 有《倭袍》一首,明显是取于同名弹词之唱段。第 99 首的《双珠凤》也是取之于同名弹词。

更为明显的例子如《吴歌甲集》第 80 首《牡丹开放在庭前》:"牡丹开放在庭前,才子佳人笑并肩。姐姐呀,我今想去年……"原题"唐诗唱句",实即从唐寅的《妒花歌》改编的。唐寅的诗也是有

---

① 杨万里:《诚斋集》卷二十八。
② 见顾颉刚等辑:《吴歌·吴歌小史》第 645 页,江苏古籍出版社,1999 年 8 月版。

所本的，源于唐代的一首《菩萨蛮》①。

三、吴歌的体式与特征

历史上的吴歌，有三种形态：一种是纯方言的，就像吴越王钱镠所唱的吴歌，或如民国时顾颉刚等先生所集的吴歌诸集，是原生态的，没有加任何的修饰修改。第二种，像南北朝乐府诗中的吴歌，比较整齐，多五言的四句头山歌，唐代的吴歌，大多像七绝那些，显然是经过了文人的雕饰，跟文人的七绝没有什么两样。文人惯常的七绝影响的，但可以加衬字，相比较起来，还是比较宽松的。第三种，像冯梦龙《山歌》里的，虽然经过一点修改润色，但仍然不改其民歌的方言俗语。

（1）五更调。最早可见于唐人俗曲，唐俗曲中有叹五更、五更转、十二月调。《乐府诗集》有《从军五更转》，敦煌里有《太子五更转》《阙题》，这两首都是这一类的五更调，吴歌里《送情郎五更》最有代表性。

（2）山歌调（七言四句），又叫"四句头山歌"。

（3）大九连环。由不同的曲调的曲子组成的一组套曲。

（4）对山歌。一问一答式的山歌对唱。

（5）小热昏。四字一句的押韵的歌。

（6）花名调。分十二月叙述。

（7）四季相思调。分春、夏、秋、冬四段铺叙。

以上就是对吴歌中所有的形式进行的简单归纳，还有一些很随意没有明显体式特征的民歌。其实在民间百姓的心目中，并无所谓调式，也没有专门的教育，他们只是从小听唱，耳濡目染，即兴歌唱，并不像文人写诗词那样要遵循什么固定的框框。唯其没有

---

① 《吴歌甲集》附录《妒花歌》，见顾颉刚等辑《吴歌·吴歌小史》第117页，江苏古籍出版社，1999年8月版。

固定的框框,才是自由自然、生动活泼的。

第四节 | 吴歌与明清江南乡土生活

　　民歌与文人士大夫的创作不同,他们不是为了什么目的而创作,也不是要留名,而是用以抒发他们内心真正的想法,就像饥来吃饭困来眠一样,发于性情,均极自然,没有一丝矫揉造作和掩饰,最大的特点就是"真",抒发真的性情,描写真的生活,能够全面客观反映明清时代的社会与民间生活的原貌。

　　民歌表达的是江南乡土生活中人们最真的感情,不掩饰,不虚伪。"假山歌之真情,发名教之伪药。"冯梦龙《序山歌》说:"且今虽季世,而但有假诗文,无假山歌。则山歌不与诗文争名,故不屑假。苟其不屑假,而吾藉亦存真,不亦可乎?……若夫假男女之真情,发名教之伪药,其功与《挂枝儿》等。"民歌反对礼教,抒发真正的性情。《结识私情弗要慌》:"结识私情弗要慌,捉着子奸情奴自去当。拼得到官双膝馒头跪子从实说,咬钉嚼铁我偷郎。""小阿奴奴推窗只作看个天上星,阿娘就说道结私情。便是肚里个蛔虫无介得知得快,想阿娘也是过来人。"

　　民歌中反映劳动生活的歌特别有价值。从顾颉刚等所收集的《吴歌》诸集可以看出,童谣、农事歌、情歌,各方面都有,甚至连妇女上工厂上班等都有①,吴歌内容是很丰富的。但魏晋起,文人所喜欢的往往是爱情诗,而对其他方面的关注不多。冯梦龙《山歌》与《挂枝儿》,主要根据自己的兴趣,只选了爱情方面的民歌。近代所搜集的《吴歌》甲、乙集,才是全面收集。

---

　　① 《吴歌己集》中有《湖丝阿姐能更多》《湖丝阿姐上工厂》《回声呜呜叫》都描写了近代工厂湖州丝绸在农村招工,妇女在工厂上班打扮时髦、工作忙碌的情景。

关于《山歌》与《挂枝儿》的内容比较多，详见后《〈挂枝儿〉中明代妓女生活透视》《〈山歌〉〈挂枝儿〉与明代社会生活》两文，此处从略。

《吴歌六集》所反映的现实生活更为广阔。农村、农事、儿歌包罗众多。单就妇女而言，吴歌中所反映的问题，就有以下几方面，是平时常为人们所忽视的。

1. 青年女子对于新婚毫不掩饰渴盼

吴歌有很多埋怨父亲、母亲，盼望早日结婚生子的。《吴歌己集》中常州、江阴《姊姊嫁》写姊姊嫁妆的丰盛与漂亮，流露了无限的羡慕之情①。苏州、无锡很多地方都有《牡丹娘子要嫁人》的歌谣。姑娘到结婚时是最幸福的，也是最美丽的，《吴歌己集》中《黄毛丫头十八变》《小姑娘上轿到男家》也属于这一类。有的民歌很大胆，直接地表达对男子的向往，有一首《天上星多月勿明》②："天上星多月勿明，河里水多鱼无清。京里兵多要反乱，姐妮房中郎多要乱心。"这都与文人所创作的诗歌大异，表现民歌的直率质朴。

2. 姊妹间的矛盾

在吴歌中，关于嫁女儿的风俗很多。其中，往往将大姐、二姐、三姐进行对比，往往说三姊没人要，或在家中守爹娘，或出家当尼姑。姐妹间长相与条件不同，她们的婚姻遭遇就不同，那些嫁不出去的"丑女"，在与姐妹间的对比中更为失落。《吴歌己集》中收录的苏南各地的同类民歌，单《三姊无人要》就有九首。

3. 童养媳问题

《吴歌己集》中的《廿岁姊嫁个七岁郎》《人家老公像条龙》《十八岁大姊七岁郎》都是写童养媳的苦处的。也有写寡妇生活的困

---

① 《吴歌己集》，见顾颉刚等辑《吴歌·吴歌小史》第466页，江苏古籍出版社，1999年8月版。

② 《吴歌乙集》，见顾颉刚等辑《吴歌·吴歌小史》第277页，江苏古籍出版社，1999年8月版。

难。《可怜丈夫早归阴》说:"头勿梳来脚勿裹,人家说我垃圾货。梳梳头来脚裹裹,人家说我淫骚货。可怜丈夫早归阴,这种日子如何过。"

4. 婆媳姑嫂矛盾

婆媳矛盾、姑嫂矛盾是任何地方、任何时代都难以避免的普遍的家庭矛盾。《吴歌己集》中有《新做媳妇实在难》《初做媳妇真难尝》《做个媳妇难上难》《廿年媳妇廿年婆》,都是反映新嫁娘与婆婆之间的矛盾的。姑嫂矛盾也是这样。《嫂嫂道吵家王》写女儿出嫁之后回娘家,爷娘高兴,哥嫂厌烦,说:"月亮光光,女儿来望。娘道心头肉,爷道百花香,哥哥道赔钱货,嫂嫂道吵家王。"因此姑娘感叹:"我又不吃哥哥饭,我又不穿嫂嫂嫁时衣。开衣箱,着娘衣;开米柜,吃爷的。阿嫂看见恶冤家。灶下洗面嫂要骂,骂我三声小东西,嫂嫂说拆家婆回来了,碰台踢桌骂出来。"

5. 时尚的女工生活

清末民初时,农村的生活有了很大的变化,苏南一带民族工商业较为发达,有些女子到这些新开的厂里做工,在当时看来,这些女工是很时髦的。《湖丝阿姐能更多》《湖丝阿姐上工厂》《回声呜呜叫》都描写了近代工厂湖州丝绸在农村招工,妇女在工厂上班打扮时髦、工作忙碌的情景。

第七章
江苏口承文化个案研究

个案研究 1

《挂枝儿》中明代女性生活

一、冯梦龙与《挂枝儿》

冯梦龙(1574—1646),吴县籍长洲(今江苏苏州)人,字犹龙,别号龙子犹,其室名墨憨斋。冯梦龙是明代文学家中研究民间文学、通俗文学最勤奋的人,他编纂了《警世通言》《喻世明言》《醒世恒言》等一系列脍炙人口的文学著作。《挂枝儿》是他最早辑评的一部作品。冯梦龙是晚明思潮的代表之一,他的文学思想主要是从泉州人李卓吾处来的。民间文学成了"性情之响","经书子史"成了"鬼话","诗赋文章"成了"淡话"。田夫野夫信口唱来的情歌,冯梦龙认为是至情至性的"天地间自然之文"。

《挂枝儿》是明万历之后,逐渐流行的一种区域性的民间时调歌曲。当时传唱之盛,从明人论著中述及它的风靡流布、评及它的文学价值的记载之多,以及在明清之际,通俗小说中屡屡用这曲调作为嘲谑之用的情况,约略可以了解。

《挂枝儿》是明代文学家冯梦龙编纂整理的一部民间时调歌曲专集。"挂枝儿"兴起于明万历年间(1573—1620),到天启、崇祯时代(1621—1644)已风行一时,及至清代初,还是余势犹盛。这时,谈到民间歌曲的文献资料中,有关"挂枝儿"的记载虽然零散,但与记载其他曲调的资料相比,仍是丰富。在沈德符《万历野获编》中《时尚小令》里说:"有《打枣竿》《挂枝儿》二曲,其腔约略相似,则不问南北,不问男女,不问老幼良贱,人人习之,亦人人喜听之,以至刊布成帙,举世传颂,沁人心腑。其谱不知从何来,真可骇叹!"在范濂《云间据目钞》中《记风俗》里说:"歌谣词曲,自古有之,惟吾松近年特甚。凡朋辈谐谑,及府县士夫举措稍有乖张,即缀成歌谣之类,传播人口……而里中恶少,燕居必群唱《银纽丝》《干荷叶》《打枣竿》,竟不知此风从何而起也。"顾起元《客座赘语》中《俚曲》里也说:"里弄童孺之所喜闻者,旧唯有《傍妆台》《驻云飞》《耍孩儿》……后又有《桐城歌》《挂枝儿》《干荷叶》《打枣竿》等。"可见《挂枝儿》曲调在当日已风靡一时。

冯梦龙在介绍一首《挂枝儿》曲时,他把浅近通俗与表现真情的关系归纳为"最浅、最俚、亦最真"。民歌作者以质朴的笔调和深刻的体验,反映了民间的爱情生活和醉人的市民风情,充满火一般的真情和浓厚的俚俗气息,表现了人民挣脱封建枷锁、追求爱情自由和个性解放的精神。这些民歌俗曲的特点在于"情真",格调清新,语言活泼,大胆泼辣地表达了自己的心声,是"天地间自然之文"。和正统的文人诗词相比,民歌更富有感染力,因而在明清两代广泛流传,"不问南北,不问男女,人人喜听之"。

二、内容特色

(一) 以女性视角为主

不论《挂枝儿》是冯梦龙所写,或者是冯梦龙在山歌收集过程中对山歌进行了修改,抑或是基本不做修改的整理收集,《挂枝儿》中绝大部分山歌都是采用女性口吻来诉衷情的。正像词曲里的闺怨词总是以寂寞宫女为第一人称一样,《挂枝儿》里的女性诉说者总是以不同的形象、不同的心情出现。莫非世间痴情郎少,而怨女多? 抑或只是文人们的一种偏爱选择。

《挂枝儿》中的女性形象多种多样,很有研究的价值。在对待情郎的态度上或痴、或憨、或娇、或蛮。对待感情上或专情,或多情,或无情。爱也是爱得蛮横霸道,恨也是恨得绝情绝义。许多语言虽然露骨,但女主角或蛮不讲理、或憨态可掬、或苦苦等待的形象跃然纸上。

打(欢部)

几番的要打你,莫当是戏,咬咬牙,真个打,不敢欺。才待打,不由我沉吟一会。轻打了你,不怕我;打重了,舍不得你。罢罢罢,冤家也,不如不打你。

这则山歌里的女主角来来回回左思右想矛盾重重,原因只在于是否要打她的情哥哥;是打轻一点还是重一点。打是该打可是又怕打重了,打轻了又怕没效果,不打解不了自己一口气,可是打呢又下不了手。最后只有佯装安心地罢了这个念头。山歌里女子纠结情态的描画让读者忍俊不禁,拍手称妙。

咳嗽(私部)

俏冤家,人面前瞧奴怎地,墙有风,壁有耳,切忌疏虞。来一会,去一会,禁持一会。意儿岂不晓,自心里,自家知。不好和你回言也,咳嗽一声答应你。

山歌里的女主角很有意趣,心急但行缓,咳嗽虽轻情义却重。心里迫不及待,表面又假装矜持。怕风言风语搅坏了自己的好名声,又不能拒绝情郎的一番好意。这种心情一经山歌的刻画,一个表面镇定自若、内心急不可耐的小女子形象就活灵活现了。

告 状(怨部)

鬼门关告一纸相思状,不告亲,不告邻,只告我的薄幸郎。把他亏心负义开在单儿上。欠我恩债千千万,一些儿不曾偿。勾摄他的魂灵也,阎王面前讲。

这里的女主角真是爱之深、责之切,恩爱不成反倒反目成仇。而女子在社会中的地位只能向莫须有的神灵求救,让阎王爷给算个公平账。

当然其中也有一些男性作为山歌的叙述者身份出现,但综观整个《挂枝儿》十个部,其中男性形象出现较少。

风 雨(感部)

玉人儿久不会,归心如箭。怪狂风和骤雨,阻住在前川。老天怎不行方便。东风连日紧,教我怎行船。有的是西风,天,扶持我一两晚。

(二) 男女感情大观园

《挂枝儿》根据喜怒哀乐等等男女之间私情分类,共分为十个部,分别是私部、欢部、想部、别部、隙部、怨部、感部、咏部、谑部、杂部,分部方法和具体山歌所属都由整理人冯梦龙来决定。由欢部《妓馆》后冯梦龙的批语中可见:或疑此何以入"欢部",余笑曰:"汝只看文字,不看题目耶?"所以不管冯是否是《挂枝儿》的作者,至少把山歌根据不同的爱情情绪分类是冯梦龙所为。

这十个部中的前七个是描写处于不同爱情阶段的男女之间感情的变化。从最初的私——郎有情妹有意;到欢——两情相悦,男欢女爱;到想——等待佳期,深深思念;到别——虽然分离,矢志不渝;到隙——感情受阻,姻缘浅薄;到怨——互不理睬,咒骂薄幸人;还有感部,不能细分为具体哪一个时期的情绪,多数为对爱情的感慨,对自己所作所为的自省。而后三个部内容上仍是情歌,但在叙述角度上发生了变化。把男女主角拦在情歌外,以第三人称的口吻,以隐喻借喻的形式间接抒发感情。咏部多描写生活中的各种物品,但意在言外,其实是借物喻人。谑部和杂部以描写世象为主,其中世风世貌隐含其中。下面作具体分析。

1. 私部

私部中的感情内容一部分是描写男女爱情刚刚开始时,从朦胧过渡到会意再过渡到缠绵。这其中有描写"两厢有意,但人前难下手"的《耐心》《咳嗽》《性急》《私窥》;有描写等待情郎内心焦急,有些情郎来了又回怒做喜的《五更天》《错认》《花开》《脚声》;有描写男女发誓互相忠诚的《自矢》《真心》叮嘱情人一定要忠于自己,不能见异思迁的《赠瓜子》《紧防》《叮嘱》;有描写恨没早日相见,互诉衷肠的《相会》《佳期》《搂抱》《调情》;有描写埋怨情人不解风情,自己反倒落个单相思虚名的《不凑巧》《虚名》。

其中还有一些内容上别具特色的山歌,比如有描写男子新情人、旧情人都不忍割舍的《情长》;可恨过去为一时快活,现在有孕在身却无计可施的《愁孕》;情郎晚上很晚归家,满嘴酒味,妇人只有《骂杜康》;给情郎解闷,劝情郎不要在大老婆那受气就跑到自己这哭泣的《解恼》;为了情人方便,自己宁可化缘造桥的《造桥》。

2. 欢部

欢部的山歌主要是描写男女之间情投意合,互相依恋。其中有描写两情相悦、情比金坚的《同心》《感恩》《坚心》《分离》《泥人》;有描写对情人无比爱恋的《专心》《问咬》《伤病》《变》《表记》《描真》《金不换》;有警告对方一定要忠实于自己的《做梦》《赔笑》;想诅咒负心人又咒不出口,想打又不舍得打的《打》《咒》《爱》。

其中有一些山歌落笔角度以及内容安排上很奇特。生活中的小情小趣都被刻画得有滋有味。

问 咬

肩膀上现咬牙齿印。你实说那个咬的我也不嗔。拚我逐日间将你盘问。咬的是你肉,疼的是我心。是那一家的冤家也,这般样的狠。

旁的女子若能咬着情郎的肩膀,定是两人有过鱼水之欢。奇就奇在山歌中这女子不责怪情郎三心二意,倒责骂起牙齿印太重,情妇咬得狠。若是不狠,你就视而不见了?只能说这女子无奈于男子的多情,只要分得自己一杯羹就好了。

做　梦

我做的梦儿做得好笑,梦儿中梦见你别人调,醒来时依旧怀中抱。心儿里丢不下,抱紧了睡一睡着。醒时在我身边也,梦儿里又去了。

这一首内容写得妙趣横生。醒一时梦一时,此一时彼一时。就像儿女们做梦梦到母亲去世在梦里大哭,梦惊醒发现母亲在身旁,赶快手脚攀着母亲极尽亲昵之态,怕是母亲瞬间跑掉。可是山歌中的梦境是否是对未来的暗示呢?或者只是女子看管太严让自己也患上了后遗症?这首山歌虚虚实实,把女主角憨态可掬的可爱形象掩映其中。

3. 想部

想部中收集的山歌一些是热恋男女的相思之情,另一些则是结怨男女之间的私情。其中有描写两人互相思念对方的《相思》《心事》《喷嚏》《倦绣》《帐》《无眠》《梦》;有女主角由此及彼,由物忆人的《听唱》《揉枕》《打丫头》《打梅香》;有怨对方先勾引自己,如今又冷落自己的《牵挂》《泣想》《不忘》;有描写相思成病的《瘦》《病》《叫梅香》;有占卜情人如今可好的《问课》《求签》。

想部中的一些山歌构思奇妙,内容新奇。现举例两首如下。

打梅香

害相思害得我伶仃样,半夜里爬起来打梅香,梅香我瘦你偏壮。梅香覆姐姐:你好不思量。你自想你的情人也,我把谁来想。

《打梅香》读起来丝毫没有着意雕琢的痕迹,用白描讲述了一个生活中小姐找丫鬟茬的情景,却真情实意,让人捧腹。这也实在是想情郎想得无聊至极的所作所为。

痴 想

俏冤家你怎么去了一向,不由人心儿里想得慌,砂糖儿抹在鼻尖上。舐又舐不着,闻着扑鼻香。你倒丢下甜头也,叫人慢慢地想。

这首山歌妙在砂糖这个巧妙的比喻,冯梦龙在这首山歌下面的批注就是:"舐着时,一丢砂糖,有何好处?慢慢的想,却是无穷受用。"这也正道出了爱情的本质。

4. 别部

别部的山歌较少,只有十二首。其中七首《送别》是叮嘱情人早日回来团圆,并告诉对方保重身体,千万不要忘记远方的"我"在这里等着你。另外几首是怀念远方的情人的《初别》《忆别》。有几首写得很奇妙,现举例一首如下。

送 别

送情人直送到丹阳路,你也哭我也哭赶脚的也来哭。赶脚的你哭因何故?去的不肯去,哭的只管哭。两下里调情也,我的驴儿受了苦。

这一首构思奇特，语义诙谐。情人别离本是伤情之事，但这个赶脚的一哭反倒显得滑稽了。只是有情人说有情却要伤离别，赶脚的没说自己有情却为驴子哭泣。这也实在是讽刺了。冯梦龙在批注中写道："名曰相爱，犹未若赶脚者之于驴也，妙哉。"

5. 隙部

"隙"，顾名思义，裂缝，感情上的裂痕。隙部中的许多山歌都是痴心女子的痴心话。隙部在十个篇章中收集的山歌数量较多，如果说悲愤出诗人，是否失恋出山歌呢。所以这隙部中的情感分歧也是多种多样，有埋怨两人感情不再亲密的《捎书》《糊涂》，女子由于对方负心不愿意再继续交往的《不稀罕》《发狠》《杂情》；有查问指责薄情人的《负心》《骂》《查问》《醋》《劝》《跳槽》《识破》《寄夫》，有被情郎抛弃而内心激荡的《怕闪》《情淡》《缘尽》；有描写男人偷情被女人捉住后的《夜闹》《漏言》《扯汗巾》《戴花》《嗔妓》，有做了亏心事怕情人发觉的《心虚》《迟归》《歪缠》；有男女交恶拌嘴的《交恶》《多心》，有女子后悔骂男子骂太重了的《自悔》《恕罪》，等等。

自 悔

这几日与冤家有些说话，他不来便不来，不伏气叫他，气头上说了他生疏话。十分我不是，三分才怪他。早知你便开交也，认什么真和假。

读罢实觉可怜，这也便是感情纠结不清之处。这边清白的却自悔，那边也许浪荡却自认有理。"十分我不是，三分才怪他""认什么真和假"悔到不知黑白，不论对错了。劝妇人坦坦荡荡为好，这样的绝情男子不要也罢！

管

　　难丢你难舍你又难管你,不管你恐怕你有了别的,待管你受尽了别人闲气。管你添烦恼,不管你舍不得你。你是我的冤家也,不得不管你。

　　心底的思绪再清晰,遇到情人也变得不知所措,纠结成一团。可是再生气再纠结也丝毫没有怪罪冤家不忠于自己的意思。反倒是最后一句"不得不管你",道出了女子最无奈的决定。可是一忍再忍要忍到什么时候?

夜　闹

　　明知道那人儿亏心勾当,到晚来故意不进奴房,恼得我吹灭灯门儿闩上。妇人家心肠软,又恐怕身上凉。且放他进了房来也,睡了和他讲。

　　又是一首女子对负心男子妥协的山歌。冯梦龙的批语是"婉转可怜,虽怕他讲,亦不得不进房矣"。明知道男子负心却又关心他:"又恐怕身上凉。"就是放进房来,跟他讲了,结果不想也知道是如何的。

6. 怨部

　　怨部中的山歌大多描写女子恩怨难平,对男子百般咒骂。其中有怨恨男子轻易变心,抛弃自己的《怪》《告诉》《强留》《恨天》《告状》《悔交》《狠》《心变》《见书》《寄信》,有计算归期却无计可施的《数归期》《记日》《黑心》,还有描写妓女从良的几首同名山歌《从良》。

数 归 期

　　数归期数得我指尖痛,数得他归来了痛有功,到如今不归来成何用。归期哄着我,一日间数百通。薄幸冤家也,指尖儿也被你哄。

指尖真是可爱又可恨,也对那薄情郎有所偏爱。指尖若能开口定要辩驳了:要不是一日数个数百通,我也不至于痛!

黑　心

俏冤家一去了无音无耗,欲待要把你的形容画描,几番落笔多颠倒。形容容易画,黑心肠难画描。偶落下一点墨来,像得你的心儿好。

这黑心不但难描画,更难看出来。要是早日就看出来哪会有今天呢?这女子倒有闲情逸致,被黑心人抛弃后还要为他画像。真是痴之大者!

7. 感部

感部描写的内容比较综合,多是男女内心的自我独白。有怀念故人的山歌《春》《秋》,有感叹如今没人相伴的《拜月》《促织》《单》《孤》,有对亏心汉怨恨的《风》《猫》《雁》,有猜测对方可是真心的《月》,有安慰自己与情郎不能相见之苦的《牛女》,有怨恨外物打扰自己相思的《鼠》,有等待情郎到来的《听箫》。

促　织

促织儿没来由的在窗儿外噪,是何人教唆你絮叨叨,我孤眠独坐多焦躁。忙叫丫鬟起,铜盆水去浇。浇不出他来也,你再把棒儿捣。

心烦时听促织聒噪确实感觉很烦躁,更别提心中有人有事呢。

但是把促织赶尽杀绝也太绝情了。

牛 女

闷来时独自个星月下过,猛抬头看见了一条天河,牛郎星织女星两边坐。南无阿弥陀佛,星宿犯着孤。星宿儿不得成双也,何况他与我。

这首山歌可爱之处在于五十步笑百步,神仙都不能成为眷侣,更何况人呢,心里顿时得到安慰。

8. 咏部

咏部中的山歌都是状物,但其中大部分山歌都是隐喻或双关男女之事。其中对状物的分类在本文"风物再现"部分会有叙述。以下举两首较有特点的山歌进行分析。

纽 扣

纽扣儿凑就的姻缘好,你搭上我我搭上你搂得坚牢,生成一对相依靠。系定同心结,绾下刎颈交。一会儿分开也,一会儿又拢了。

这首在咏部里对事物的描写是比较含蓄的,但是却很贴切很有味道。

荷

荷叶上露水儿珍珠现,是奴家痴心肠把线来穿,谁知你水性儿多更变。这边分散了,又向那边圆。没真性的冤家也,活活的将人闪。

这首词很有意境,荷叶上的水珠荡来荡去,对此我们是十分熟悉的,但是怎样才能想到和感情上的"水性"相比呢?"这边分散了,又向那边圆",确实很贴切。

9. 谑部

谑部中的山歌非常风趣,大部分都是对当时一些风流人物的嘲讽或是对当时世象的一种充满风趣的解读。有和青楼有关的山歌《鸨儿》《鸨妓问答》《者妓》,有对当时风流男子的描写《子弟》《小官人》《山人》,有对女性不裹脚的嘲讽《大脚》,有对世象的揭露《假纱帽》《野花》《酒风》《惧内》《银匠》。

大　脚

小脚儿生得忒即溜,剪一双弓鞋面一匹潞绸,拽拔儿零剪了一丈六。四张羊皮金,嵌不来双凤头。拔不上鞋根也,拖他拖他走。

这是一首嘲讽女性脚大的山歌,很夸张,也很形象。但我们却能从其中看到当时女性大脚被歧视的世风。

10. 杂部

杂部中的山歌除了比较常见的短篇山歌以外,还有几首较长的《灯花问答》《占卦》《乡下夫妻》。杂部的山歌有写关于青楼的《妓客问答》《夜客》《站门》《妓》《哭情人》,关于爱情教育的《教乖》《小尼姑》《小和尚》,埋怨老婆长得不济的《乡下夫妻》,占卜情人归不归的《占卦》,等等。

乡下夫妻

俏娘儿遇清明,先莹来上,乡下人看见了手脚都忙,若不是小脚儿认做观音样。一般样父娘养,偏生下这俊娇娘。引掉我的魂灵也。回家就乱嚷。

见妻儿在灶跟前,冲冲发怒。作甚业,晦甚气。讨夜叉婆。黄又黄,黑又黑,成什么货。老婆娇滴滴的美,你这车脚夫。上坟姑娘也,爱杀爱杀了我。

莽喉咙叫一声,乡下大舍。龙配龙,虎配虎,姻缘簿上差,臭野蛮配村姑也是天生天化。天鹅肉想不到口,痴杀你这癞蛤蟆。上坟姑娘也,自有姑夫配着耍。

好乡邻好言语什么大事,乡下夫,乡下妻,比不得城里的丰姿。一年厍水兼插莳。黄黑也不是胎生的。就是大舍小官儿。住在城中也,上坟的无彼此。

这首乡下夫妻写得很爽利,在《挂枝儿》中多出现的是男子心变,女子心碎,继而变成怨妇。这里的乡下女子却十分有理,不怕天不怕地,和丈夫讲理,而且讲得有理有节,先骂后礼,让丈夫没话说。

灯　花

灯花儿今夜里开得奇异,莫不是他来到报与奴知,痴痴的看着浑忘寐。早晚不见来,灯花结恁的。等得我心焦也。到不如不开了你。

那灯花告姐姐:欠些伶俐。我见你想得慌,假传个信儿,谁知你抱怨我翻成恶意。你的缘分浅,非关我报信虚。我在处处开花也,处处不像你。

那姐姐骂灯花:忐不诚实。怎见得那冤家把奴亏。终须有日重相聚。灯花,哄着我,何况那薄情的。处处开花也,处处埋怨你。

小梅香告姐姐:忐煞琐碎。灯花儿也与共讲一场是非,那灯花那管人的婚姻事。今晚是不来了,明日来也未可知。挑去那灯花也,明日再商量起。

这首山歌写得奇妙,灯花竟然能成为情侣之间传递信息的先行者了,而且有情有义,还会谎报消息。灯花,如下文所说,是可以通过挑灯花来占卜吉凶的。这里的小姐也很有趣,和一个灯花纠缠不清,甚至总结出来"处处开花也,处处埋怨你"这种气话。还是丫鬟梅香最客观:和灯花讲什么是非呢?

三、艺术特色

(一) 语言特色

1. 生动新奇

从民间采集的山歌正是最接近百姓生活的,生活中的点点滴滴,柴米油盐,就都幻化为艺术气息浓厚的表情之物。像生活中最常见的剪刀、牙刷、风筝等物品都成为表现爱情的意象,而山歌又赋予它们生动新奇的意义,正是经过艺术处理过后一些再普通不过的物品就成为爱情的表征。同时,恋爱中的男女感情浓郁细腻,情郎的一个小举动、玉人儿一个眼神足够酿就几天几夜的相思了。山歌也正是这种种情感最生动的表述。山歌虽短,但其中情人或痴或傻的举动往往最是新奇,让人手不释卷,忍俊不禁。

不同于一些正统文学,把人类最真实最新鲜的情感隐藏起来,换之一副忧国忧民的面孔,写出来的文章题材单一,意象局限。《挂枝儿》正由于是民间最津津乐道的山歌,所以这些山歌都洋溢着一种新鲜单纯的独特风情。而真正太暴露的男女之情未免让人生厌,《挂枝儿》虽然有所暗示,但正是生动新奇的描写让人读后好像饮过一杯新榨出来的樱桃汁,新鲜、甜美、微酸。

拜　月（感部）

　　焚炷香等待那瑶台月上,对嫦娥深深拜诉我凄凉,可怜见小书生人相伴。嫦娥开口道,读书人不忖量。你诉你的凄凉也,凄凉对谁讲。

想来这小书生拜错了神仙,明知嫦娥在月宫中也寂寞得紧却还要火上浇油对嫦娥话凄凉,实在是不识趣。人和神都是孤家寡人一个,更是凄凉。这首山歌可爱之处在于万万不可想到嫦娥居然也开口说话,而且一开口还埋怨小书生有人可以话凄凉,自己找谁去讲呢?

猫（感部）

　　纱窗上乱写的都是人薄幸,一半真一半草写得分明,猫儿错认做鹊儿影。爪去纱窗字,咬得碎纷纷。薄幸的人儿也,猫儿恨得紧。

明明是自己心里的恨,怎么又移情到猫儿身上了呢?新奇!

归　迟（隙部）

　　问着你那里来闲行答应,既闲行没甚事三四更,撞寡门吃寡茶这般高兴。今后就是闲行走,也与我说一声。若过了黄昏也,定不将伊等。

读下来脑海里一个凶悍的妇人形象和一个做了坏事打马虎眼的男子形象马上涌现。妇人的气话说得也是可爱至极:出去散步都能走到三四更才回来,没人请你吃,没人请你喝,你还落得这么开心?实在是太可疑了。接下来就定下规矩:以后就是出去走走也得跟我汇报一声！太晚了我可就不等你了！生动得很！

2. 大胆直接

冯梦龙收集的《挂枝儿》是一部情歌集。在民间传唱的作品不仅生动新奇,更是大胆直接。许多话也许说不出口,但山歌却是一个表达感情的很好的渠道。也正是由于语言表达感情的局限性,才出现了音乐,所以接近大众的山歌大胆直接也就不足为奇了。

跳　槽(隙部)

记当初发个狠冤家来到,姊妹们苦劝我权饶这遭,谁像你到如今又把槽跳,明知我爱你,故意来放刁。我与别人调来也,心中恼不恼。

山歌中女子有大胆直率的真性情,不似普通小女子扭捏之态。告诉情郎我爱你,但也告诉他不要放刁,不要自以为是。言语直白,是性情中人。

自　矢(私部)

眉来眼去情儿厚,有一个惹厌人挡住前头,因此上要成就不能勾成就。若还成就了,磕你一万个头。负义忘恩也,卑儿底下狗。

这首山歌很口语化,也很直接。若成就了,把你奉为祖宗,拜你一万个头。若要不成就,连做人都不行,变为畜生。

3. 通俗易懂、朗朗上口

山歌本就是民间传唱的小调,要流行,人人皆能歌之,就必须通俗易懂,朗朗上口。《挂枝儿》中的语言大多非常口语化,多数只是心情的刻画、故事的叙述、思想的发展,很少有一些精深的典故或寓意隐含其中。这也正符合山歌本身真诚、通俗的特征。

朗朗上口也正是因为人们在传唱过程中为防止遗忘,文辞艰涩,采用反复、排比、顶针等修辞手法来安排歌词,使山歌唱起来更流畅,流行的范围更广。

见　书(怨部)

这封书见了不由人不气,说来时又不来眼见得虚,有缘千里来相会。亲口不做准,草字儿作甚的。寄语我薄幸情郎也,巧舌头收拾起。

这首山歌通俗易懂,没有任何修辞,是妇人刚接到情郎寄来的书信之后发脾气骂出的气话,丝毫没有雕琢的痕迹。

孤(感部)

孤人儿受尽了孤单情况,孤衾儿孤枕儿独守孤房,孤鸾孤凤孤鸳帐。孤灯对孤影,孤月照孤窗。天上孤雁孤鸣也,孤寺里孤钟响。

每个名词前面加的定语"孤"不仅把寂寞女性的情态表现无遗,更使得整首山歌唱起来朗朗上口,很有节奏感,记起来也非常方便。

急　口(杂部)

路陌人肩挑了乌盆来卖,妈妈儿手担着醋瓶来,上桥时相撞着瓶盆都打坏。盆要瓶赔瓶不肯,瓶要盆赔盆不谐。盆要瓶赔瓶要盆赔也,瓶盆都要买。

这首山歌很大程度上变成了一首绕口令,虽然拗口但是却很好记。

(二) 艺术手法

1. 抒情方式

山歌最重要的特征之一就是直抒胸臆,把感情表达得酣畅淋漓,至真至诚。所以《挂枝儿》中主要采用的抒情方式是直接抒情,情真意切。

直接抒情在运用中,主要以第一人称出现,虽然许多山歌省掉了"我",但"我"字暗含其中。

咒(怨部)

耐着心含着苦淘尽多少气,思着前想着后何日了期,拼着做强着口傍人议。要讨好偏着恼,费尽心总不知。你若负了我真心也,咒也咒死你。

这首山歌每句话前都省掉了"我为你":我为你耐着心含着苦淘尽多少气,我为你思着前想着后何日了期,我为你拼着做强着口傍人议,我为你要讨好偏着恼,我为你费尽心总不知。

直接抒情的另一个运用形式就是对话。《挂枝儿》有一些由几首山歌组成的长段,呈对话体形式,每一段由其中一个角色来唱。

花 蝶(咏部)

花道蝶:你忒然相欺负,见娇红嫩蕊时整日缠奴,热攒攒轻扑扑朝朝暮暮。花心攒透了,香味尽尝过。你便又飞去邻家也,再不来采我。

蝶回花:非是我无情无义,只性情儿不耐久雨妒风欺,昨夜鲜今朝淡明朝落地。香魂流水去,墙外好花枝。往日春心也,怎么不采你。

交　恶(隙部)

歹冤家只今日便与拆账,欠下了前生债相交这场,到如今懊悔千千万。我的亏吃勾了,早开交脱祸殃。就是在世的潘安也,决不将你想。

歪丫头休得要把言词讪,好处多歹处少莫把心瞒,也是我恶星辰冤魂帐。普天下妇人种,便开交什么难。就是再世西施也,决不将你想。

《挂枝儿》中间接抒情较少。间接抒情又分为两类,其一为托物言志,其二为寓情于景。前者在十个部中的"咏部"较为常见。咏部如上文所述,通常是以生活物品作为描写典型,托物言志,意在言外。

扇　子(咏部)

扇子儿我见你骨格儿清俊,会揩磨能遮掩收放随心,摇摇摆摆多丰韵。一面儿对着我,一面儿对着人。为你有这个风声也,手脚俱冰冷。

同样的,由于山歌直抒胸臆的性质,作为间接抒情的另一种——寓情于景在《挂枝儿》中也较少运用,但这种并不直白的抒情往往能取得比较高的艺术效果。

听　唱(想部)

闷恹恹独倚在妆台傍,忽听得有情人《山坡羊》,一声声钻在奴心上。越听越烦恼,不听又思量。事不关心也,关心的暗暗想。

烦什么？关心什么？

2. 表现手法

(1) 修辞

修辞在《挂枝儿》中运用得浑然天成，丝毫没有雕琢之痕，完全是情之所至。由于山歌的篇幅短小，要在短小的篇幅中大幅运用修辞不太可能，所以修辞手法比较局限，而且运用范围较窄，但劳动人民对一些修辞画龙点睛式的运用还是能增强山歌的表现力和生动性的。

告 诉（怨部）

告诉你爹薄幸子不忠不孝，告诉友薄幸人休要相交，告诉妻薄幸夫留心防着。普天下神灵听，薄幸贼莫恕饶。他日做墓志的官人也，薄幸名儿除掉了。

其中一连串的"告诉"，非常有排比的张力。

假 相 思（怨部）

秃鬎鬁梳了个光光油鬓，缺嘴儿点了个重重的朱唇，齆鼻头吹了个清清箫韵。白果眼儿秋波卖俏，哑子说话聋子听。薄幸人儿说着相思也，相思终欠稳。

一连串的比兴让人发笑，最终引出来"薄幸儿说相思终欠稳"，实是无奈。

比 方（怨部）

比你做水花儿聚了还散，比你做蜘蛛网到处去衔，比你做锦揽儿暂时牵绊。风筝儿线断了，匾担儿你不要担。正月半的花灯也,亮不上三五晚。

连续的比喻塑造出一个风流男子的形象。

月(咏部)

青天上月儿将奴笑,高不高低不低正挂柳枝梢,明不明暗不暗故把奴照。清光休笑我,且把自己瞧。缺的日子多来也,团圆的日子少。

月亮真是太没有自知之明了。

杨　花(咏部)

为风流顾不得恁般狼狈,逐红尘趁紫陌竟不思归,着人容易抛人去。你倒会走滚,少不得也沾泥。似真般轻薄人儿也,怪不得漂流了你。

杨花借喻风流成性最终陷于不幸的男子。

金　针(咏部)

金针儿我爱你是针心针意,望着你眼儿穿怎得知,偶相逢怎忍相抛弃。我常时挑逗你,你心肠是铁打的。倘一线的相通也,不枉了磨弄你。

双关语"针"通"真",这样的例子在《挂枝儿》中不少,如"鹘突"通"糊涂"、"卓"通"桌"等等。

(2) 用典

民间味道浓厚的《挂枝儿》没有大量的用典,大量山歌仍是以口语化为主，只有个别山歌融入文人气息，运用典故，现举例如下。

秋（感部）

秋风轻吹不得情人来到，秋月明照不见薄幸风标，秋雁来带不至冤家音耗。秋云锁巫峡，秋水涨蓝桥。若说起一日三秋也，别后秋多少。

"秋水涨蓝桥"中的"蓝桥"有一段故事，《史记·苏秦列传》记载：公元前320年，苏秦向燕王讲过一个"尾生抱柱"的故事。相传有一个叫尾生的人，与一个美丽的姑娘相约于桥下会面。但姑娘没来，尾生为了不失约，水涨桥面抱柱而死于桥下。

"一日三秋"则出自《诗经》。《诗经·王风·采葛》："彼采葛兮，一日不见，如三日兮！彼采萧兮，一日不见，如三秋兮！彼采艾兮，一日不见，如三岁兮！"

画（感部）

玉人儿你好似单条画，隔重山隔重水隔着天一涯，终朝静夜长悬挂。雁飞书不到，树远路途赊。就是有个人儿也，唤起同玩耍。

"雁书飞不到"中的"雁书"有一个故事，《汉书·苏武传》："昭帝即位。数年，匈奴与汉和亲。汉求武等，匈奴诡言武死。后汉使复至匈奴，常惠请其守者与俱，得夜见汉使，具自陈道。教使者谓单于，言天子射上林中，得雁，足有系帛书，言武等在某泽中。使者大喜，如惠语以让单于。单于视左右而惊，谢汉使曰：'武等实在。'"后因以"一雁书"为一封信的代称。

四、风物再现

(一)习俗活动

1. 烧香疤

"烧香疤"这个活动在《挂枝儿》中一共出现了两次。

情　淡(隙部)

　　圆纠纠紫葡萄闻得恁俏,红晕晕香疤儿因甚烧,扑簌簌珠泪儿腮边吊。青丝发,系你臂。汗巾儿,束你腰。密匝匝相思也,淡淡的丢开了。

另一次是在《帐(想部)》后冯梦龙的批注中出现:"负心的贼,可记得当初和你星前月下烧肉香疤的时节,和你说,冤家呀,改常时不改常时?"

那烧香疤是怎么一回事呢?烧香疤分为戒疤、情疤和烙印,戒疤是和尚摩顶受戒,剃度为僧,佛门称为热顶,俗称烧香疤。情疤则是在封建社会,中国的女子为了表达自己对心爱的男人的忠贞,也常常在自己的身上烧香疤。据说女人烧情疤有两种方法,一是用香放在女人的身上某处燃烧,将香燃尽烧坏皮肤,留下疤痕;另一种是将铜钱烧红后,放在身上某一部位烙出伤纹来。女人烧情疤的动因和戒疤大致相同,都是意志的表达、决心的体现、追求目标的冲动。烙印则是古时的一种刑罚,就是在犯人的面颊上烙有印记,这种印记既是对犯人的惩罚,又是对犯人人格的侮辱。

2. 问课

"问课"是求签占卜的另一种说法。在《挂枝儿》中涉及女子问课的山歌有三首。

问　课（想部）

手执着课筒儿深深下拜,战兢兢止不住泪满腮,祝告他性命儿魂飞天外。一问好不好,二问来不来。还要问一问终身也,性情儿改不改。

求　签（想部）

对神灵拈香罢双膝跪,千祝告万祝告情人早归,大红袍一领猪羊祭。上上的签在手,道人细细推。果应得灵签也,道人,皂袍儿相谢你。

送　别（别部）

送情人直送到城隍庙,叫道人开庙门就把香烧,深深下拜低低告。情人儿心上转,签筒儿手内摇。若得到底团圆,菩萨,上上的签儿来缴。

从中可以知道明代之前问课的一个基本过程：先摇课筒（摇卦）,后祝告（问卜）,请先生推算,答谢。而且当时求签问卦并不是在佛家寺庙,而是在道观。可见当时中国本土的道教更兴盛,更被认可。

3. 灯花

《挂枝儿》中有几首山歌提到了"灯花",灯花是什么？又有什么寓意？

自　怨（想部）

眼巴巴望着我冤家一面,泪汪汪镇日里眼不曾干,灯花鹊噪难凭断。除非梦儿里,枕上得片时欢。不怨你的薄情也,自己缘分浅。

盼　归(想部)

　　喜蛛儿忽地在檐前挂,银缸上灯结蕊,喜鹊儿喳喳,粉墙上画的成双卦。久矣无信了明日定还家。若果明日还家也,今宵一夜寡。

　　"灯花"就是古代用的油灯结花的现象。灯花在挑的时候如果"啪"的一声炸裂,这便是民间吉庆的象征。《周易》中种种算命方法中就有占灯花法。"灯乃一家鉴照之主,开花、结蕊、吐焰、生光,知人间之吉凶,识天时之晴雨。凡灯有光,任其自一自卸,不可挑剔、剪灭,一吹一灭,不可再次。"

　　既然灯花是吉象,那就不难推断《盼归》中列举的喜蛛、喜鹊、成双卦也都是吉兆了。

4. 赠送情物

　　恋人之间总是会赠送一些物品以表示感情亲密。如今是赠送首饰、领带、钱包等等。那过去的恋人们都喜欢赠送些什么呢?《挂枝儿》中的几首山歌给了答案。

查　问(隙部)

　　曾送你玉簪儿戴也不戴,曾送你青丝带可曾系来,曾送你汗巾儿在也不在。一把金销扇,半新不旧的红睡鞋。这几件要紧的东西也,问你伴不睬。

　　这首山歌歌词里包括了男子送女子许多信物,包括玉簪、青丝带、汗巾、金销扇、睡鞋。其中的大部分我们如今已经不用了。睡鞋到底是什么呢?原来是为防止裹脚布脱落,旧时妇女睡眠时穿的软帮软底的鞋子。

叮　嘱（私部）

机梳儿奴家亲手做就,香茶儿并扣钮都藏里头,送亲亲牢系着休忘了旧。香茶儿擪在口,纽扣儿在心头。切莫要在人前也,露出奴的丑。

表　记（欢部）

这几段表记儿送与哥哥作念,纽扣儿牢紧在你心间,玉簪儿日夜似奴身亲伴。戒指儿戒游手,荷包儿谨浪言。着上这双鞋儿也,少要花街转。

这两首的主角是女子,其中出现的物品就是女子送给男子的纪念品:机梳、香茶、纽扣、玉簪、戒指、荷包、鞋。看来恋人间互送钱包和首饰古已有之。

（二）世象

谑部和杂部中的山歌许多都是对世间百态的描述和讽刺,从其中可以观察到许多关于当时的民风民情。

1. 山人

在《挂枝儿》的谑部出现了这样一首山歌《山人》。

山　人（谑部）

问山人并不在山中居住,只无过老着脸写几句歪诗,带方巾称治民到处投剌。近有书到治民处,他与治民最相知。舍亲一事干求也,公道没银子。

这首山歌极尽对"山人"的嘲讽,那么"山人"到底是什么人呢?他们在社会中扮演什么样的角色?为什么人们对他们的态度如此恶劣?

山人原来指隐士，又指山野之人，谦称。旧时以卜卦、算命为职业的人，有时也称"山人"，多出现在古代诗文中，和文人墨客的别号。但到了明代后期，有些文人墨客住在城市通衢，游于官府之间却自称"山人"，靠武文弄墨游走各地，结社、编书、讲学，拜访当地官府，从官府获得一些银钱，谓之"打秋风"。如陈继儒之流，主要以"山人"的身份赚钱牟利。

在中国儒道两家文化的浸润之下，中国古代的知识分子"达则兼济天下，穷则独善其身"，得意时出将入相，以"致君尧舜上，再使风俗淳"为目标；而一旦遇到挫折，则是另外一番样子："今朝在世不得意，明朝散发弄扁舟"，或高卧林泉，或躬耕山野，或寄情于山水诗酒之中。前者虽然是读书人的追求目标，但后者亦同样受到人们的尊重，称其为"隐士"。然而，到了明朝，山林也渐渐成了名利场，隐士改头换面，一心只想以"隐"入仕，他们纷纷以"山人"的面目出现了。

何谓"山人"，沈德符在《万历野获编》里这么说："山人之名本重，如李邺侯仅得此称，不意数十年出游无籍之辈，亦谓之山人。"因此，从明代开始，"山人"这一称谓有了特定的意义。

"山人"以自己的所作所为渐渐和从前隐居山林的隐士拉开了距离，虽然他们也是读书人，不少也被社会以高人异士视之，不过他们的本质却是汲汲于功名利禄的伪君子。他们或依附于达官显贵，或奔走于将门相府，他们披着"山人"的外衣，却以追求荣华富贵为目的，深为时人所鄙视，直到最后将"山人"这个词弄成了深含贬义的词。

到了明嘉靖和万历年间，"山人"已经成为"丑陋"的代名词。他们沽名钓誉，四处游走，恬不知耻地署名"某某山人"推销自己，甘当帮闲和打手。于是隐士一天天少下去，"山人"则一天天多起来，最后"山人"成为一个十分可笑而又可耻的群体。

这样我们就不难理解为什么山歌中山人的形象如此游手好

闲,让人厌恶。

2. 惧内

惧　内（谑部）

天生成怕老婆其实可笑,不是爹不是娘不是强盗,见了他战战兢兢虚心听教。逢着人天性不好饮,逢着人恼的是嫖。略犯规矩也,动不动有几夜吵。

这首山歌实在可笑。怕老婆也是"天生"的,还要"战战兢兢虚心听教"。不敢喝酒不敢拈花惹草,稍微有点过错就有几夜的架要吵。原来惧内的男子不仅仅是如今女子社会地位提高的产物,早在明朝甚至之前就有,而且惧内的程度远在今人之上。今人至少在外还会因为没有内人的看管骄纵自在,可是古人还是很听话地说"天性不好饮,恼的是嫖"。

3. 对做小生意人的鄙视

在谑部有一首山歌《银匠》。

银　匠（谑部）

倾银的分明是活强盗,恨不得一火筒夺去了银包,你如何不识机落他圈套。炭火儿簇一会,瓦盖儿揭几遭。撒上一把硝儿也,贼,银子儿偷去了。

做银饰品在当时看来还是一项比较粗鄙的手艺活,并不像如今已经变成奢侈的金店银店,形成在商业圈里非常火热的项目。而且从另一个角度可以看出人们对做小生意商人的鄙视。

这种情况的形成我们可以对当时的社会形势做一番考察。汉初,商人由于囤积居奇,操纵物价,左右国家的经济发展,因此汉初政府实行"重农抑商"政策,打击商业,并列商人为士农工商四级之中的最下级。这个政策,历朝奉行不衰。不过到了明代,形势有了改变,商人的地位提高。明代中期以后商业经济十分繁荣,商品生产也得到空前的发展。商品生产空前的发展使得当时的商人很快聚集了大量财富。明代中后期,商业资本非常活跃,许多人投身商业活动,不少商人资本雄厚,声势显赫。在明代以前,商人不准参加考试,更不可以为官。但明代商籍之设立,使商人子弟不但有参加科举考试的机会,更可以保留名额,使他们较一般平民容易取录。除考试外,商人获得官位的另一途径是"捐纳",即商人向政府缴交钱银,便可以成为监生。明景泰年间,为充实边防财政需要,开纳马、纳粟、纳银入监之例,使商人有机会因监生而得官,因为明代的监生可以补低级官职。但是商人身份地位的快速转变并没有使多年来人们意识中积累形成的低下地位得到转变。所以当时的人们对商人还是鄙视的。

4. 对出家人的不敬

小 尼 姑(杂部)

小尼姑猛想起偏衫撇下,正青春年纪小出什么家,守空门活地狱难禁难架。蓄好青丝发,去嫁俏冤家。念什么经文也,佛,守什么寡。

小 和 尚(杂部)

小和尚就把女菩萨来叫,你孤单我独自两下难熬,难道是华盖星红鸾照。禅床合欢帐,佛面前花烛烧。做一对夫妻也,光头直到老。

这两首山歌的歌词都是规劝出家人还俗,共享红尘快乐时光。

这种规劝是很可爱、很调皮的。明知道出家人不可能到世俗来快活,但却百般劝说。其实山歌的作者也许并没想到小尼姑和小和尚听到山歌会有什么行动,只是拿这样的山歌逗趣,拿这样的山歌来彰显尘世间人们的快活生活。但两首山歌的用词,包括整体的思想内容却对出家人多有不敬。从这里我们可以看出当时出家人的地位是被世俗嘲笑和贬低的。

(三)生活用品

在咏部中出现了许多状物的山歌,虽然大部分都是隐喻男女之情,但从中可以一窥当时人们的衣食住行等用具。对一些植物的刻画可能对生物学的研究以及各种植物何时引进中国都有一定的帮助。现归类如下:

花:绣球花、玉簪儿、芙蓉花、梅花、并头莲、杨花、月月红、含笑、美人蕉、金钱花;

果:李桃、樱桃、橄榄、水梨、莲、胡桃、桃子、甘蔗;

植被:柳、藤、竹、枫、荷;

食物:粽子、藕、瓜子;

日常用品:扇子、兔毫、网巾、牙梳、木梳、牙刷、消息子、夜壶、青铜镜、金针、并刀、绣枕、纽扣、睡鞋、裹脚、帐钩、锁、竹夫人、香炉、香筒、靴、灯笼、蜡烛、罐子、厘等、法马、墨斗、伞、磨子、风箱、船、石狮子;

游戏用品:风筝、毽子、球、火爆、骰子、纸牌、箫、鼓、纸牌、钻棋、围棋、象棋、双陆;

动物:麻雀、蜻蜓、蚊子。

其中有一些东西现在已经不常用了,比如牙梳、消息子、并刀、竹夫人、香筒、钻棋、双陆等。

牙梳:至少是从南朝开始,中国女性就开始在发髻上插饰梳子。头上插梳成为一种普遍的习俗是在盛唐。唐诗人元稹有诗曰:"满头行小梳,当面施圆靥。"唐代女子在前额上对插双梳、四梳,髻上鬓间再插若干小梳,在发髻后面也会插上梳子。用象牙或玳瑁制作的梳子就叫作牙梳。

消息子:是一种挖耳朵的工具,一边有毛。

并刀:并州,唐代属河东道,为今山西太原一带,其地精于冶炼,自古以制造锋利的刀剪著称。古代作品中出现的"并刀",有两义:①并州出产的刀子。宋周邦彦《少年游》:"并刀如水,吴盐胜雪,纤手破新橙。"宋姜夔《惜红衣》:"枕簟邀凉,琴书换日,睡余无力。细洒冰泉,并刀破甘碧。"②并州出产的剪刀。唐杜甫《戏题王宰画山水图歌》:"焉得并州快剪刀,剪取吴淞半江水。"宋黄孝迈《湘春夜月》:"这次第,算人间没个并刀,剪断心上愁痕。"

竹夫人:竹夫人又叫青奴,是一种圆柱形的竹制品。江南炎夏季,人们喜欢竹席卧身,用竹编织的竹夫人是热天消暑的清凉之物,可拥抱,可搁脚。竹夫人,长约一米左右,是用竹篾编成的圆柱形物,中空,四周有竹编网眼,根据"弄堂穿风"的原理,供人取凉。中国传统婚俗认为,竹夫人,是男性的象征,是最具阳气之物,也是传宗接代的神圣之物。竹夫人内总会有两个小球,十分好玩。

香筒:香筒是古代净化空气的一种室内用具,一般是直接将特制的香料或是香花放入香筒内,香气便从筒壁、筒盖的气孔中溢出,是古代富贵人家必不可少的生活实用品。同时,由于香筒的制作考究,工艺精湛,又是一种清雅的室内陈设品。

双陆:古代博戏用具。是一种棋盘游戏,棋子的移动以掷骰子的点数决定,首位把所有棋子移离棋盘的玩者可获得胜利。游戏在世界多个地方演变出多个版本,但保留了一些共通的基本元素。

个案研究 2

《挂枝儿》《山歌》中的明代社会生活

一、山歌中的社会现象透视

1. 皇室宦官淫逸,社会男风流行

明太祖以后,武宗、熹宗等皇帝逐渐偏离太祖的治国之策,无心国事,却寄情于各自所好。明代皇帝中,要数武宗嗜玩成性。清初毛奇龄所著《明武宗外纪》中对武宗的生活所好有很清楚的记录。武宗一生嗜酒成癖,经常以杯盏自随。当他游幸到保定府时,巡抚伍符设宴行酒。当武宗得知伍符善饮,就与他行藏阄之戏。伍符偶胜,他就不快,故意将手中阄投在地上,下令伍符捡拾,并罚饮数瓢,直至伍符颓然瘫倒,他反而又大笑不止①。武宗猎色,他听说锦衣卫都督善于房中秘术,就招致豹房问话并下诏索要擅长西域舞的回回女 12 人,在豹房歌舞达旦。武宗尝够了美女的滋味,就在内臣里选取长相俊美的做他的"老儿当",他最宠爱一个叫钱宁的男宠,在豹房里经常枕着他的大腿睡觉。按照明太祖所定下的祖训,天子、亲王绝不允许狎近娼妓②。武宗却娶了娼妓做妻子。

皇帝如此,日渐掌控皇宫大局的锦衣卫和宦官则因为握有专权而招摇过市,日渐淫荡。在皇宫中,"菜户"盛行。"菜户"就是太监与宫人配对相好。小太监们有"菜户",大太监更是变本加厉。虽

---

① 陈宝良:《明代社会生活史》第 60 页,中国社会科学出版社,2004 年 3 月版。
② 朱元璋:《祖训录·内令》,载张德信、毛佩琦主编《洪武御制全书》第 376 页,黄山书社,1995 年版。

然明太祖下令太监不准有妻,但到了宣德年间,世道已经出现了很大变化,宣宗赐给太监陈芜两个夫人,英宗也赐给太监吴诚妻[①]。

宫中皇帝与太监的糜烂生活影响到社会上的各层人士,社会淫乱之风盛行。

如《男风》(《挂枝儿》):

> 痴心的,悔当初错将你嫁,却原来整夜搂着个小官家,毒手儿重重的打你一下。他有的我也有,我有的强似他。你再枉费些精神也,我凭你两路儿都下马。

冯梦龙评曰:"尔年间往往闻女兼男淫,亦异事也。适有狎客述夫人自称曰小童,题破云,即夫人之自称,而邦君之所好可知矣。"

又如《娃童》(《山歌》):

> 东南风起白迷迷,郎哩献蛇个家公瞒过子妻。世界翻腾人改变,婆娘家倒要做乌龟。

再如《小官人》(《挂枝儿》):

> 小官人在行的一发测癞,也会妖也会者也会肉麻,也会醋也会唆相思话。衣服儿穿去了,好簪儿抢去插。逢着马吊猪窝也,动不动抓一把。

《风臀》(《山歌》)描写的也是这方面的内容。

2. 宗室成员与地方官绅的贪婪与腐化

明朝开国皇帝朱元璋的子孙世代繁衍,宗室成员数目日趋膨

---

① 沈德符:《万历野获编》卷六《丐阉》第178页,中华书局,1980年11月版。

胀,已成为明代一个巨大的寄生阶层①。嘉靖四十一年(1562),御史林润曾将岁贡京师之粮与王府禄米支出作了如下对比:天下岁贡京师粮食每年400万石,而诸府禄米支出就达853万石之巨。即以山西为例,存留粮152万石,而宗禄支出却达312万石;又如河南,存留粮不过84万石,而宗禄所需达192万石。② 数据仅是粮食,其他方面的巨大开支成为明政府的沉重负担。粮食入不敷出让这些宗室阶层克扣民脂民膏。

如《出》(《山歌》):

当官银匠出细丝,护短爷娘出俊儿。道学先生口里出子孔夫子,情人眼里出西施。

削藩政策让许多宗室成员不得不放弃政治上的明争暗斗,而是把目光放在吃喝享乐上。无论是亲王、郡王,许多都饮酒作诗,开设书院,建造园林,有些甚至与当地官府或者无赖打得火热,欺压百姓。而官绅们也变本加厉地帮助他们。

如《门子》(《挂枝儿》):

壁虎儿得病在墙头上坐,叫一声蜘蛛我的哥,这几日并不见个苍蝇过。蜻蜓身又大,胡蜂刺又多,寻一个蚊子也,搭救搭救我!

这首山歌很隐晦地刻画了地方官的丑恶形象。壁虎既不敢得罪后台强硬的宗室成员"蜻蜓",也不敢得罪地头蛇"黄蜂",但又愁于无处捞钱"苍蝇",所以叫苦不迭。

---

① 参见《明太祖实录》卷二三九,洪武二十八年六月己丑条,万历刻本。
② 《明史》卷八十二《食货志》6,第2001页,中华书局,1984年版。

当权者不顾及自己形象，收买亡命之徒和游手好闲之人替自己搜刮钱财。各级王府成为当时的一些无良之人的容身之所，他们打着主子的名号为虎作伥，无恶不作。勾结地方官府、强买强卖、欺压平民、抢劫杀人，当事情稍微败露就躲在王府里不出来，人们对这群无赖都无可奈何，只有暗地里咒骂当权者昏庸。如冯梦龙在《做情人》当中的评语：少壮不努力，老大徒伤悲。当权若不行方便，如入宝山空手回。

3. 山人清客与下级官吏的无赖生活

当权者的昏庸和对百姓的搜刮促生了无良下级官吏与帮闲文人的出现。正如上文所提及，他们没有地位但是有权势，对上面马首是瞻，对下面无恶不作。"山人"原是对隐居在仙山中名士的称呼，如祝山人（祝允明）、沈山人（沈周）等。后来"山人"指携着诗文奔走于公卿门府的布衣，他们虽然服务于公卿但却有着人格的独立性和自由性。但到了明代，"山人"的名声逐渐变得恶劣，帮闲的、趋于奉承的门客、社会上凭着手艺在王府混饭吃的都被世人戏称作"山人"。明人朱权对山人帮闲作如下解释："无籍之徒，不务生理，专帮富家子弟宿唱饮酒，以肥口养家而已。宋柳隆卿、胡子传是也。"① 山人清客在明代苏州又称作"老白赏"，意思是他们无才无术，每天坑蒙拐骗，凭着红齿白牙，不管是风景、美女、古董、字画，都可以白白欣赏把玩。如：

山 人（谑部）

问山人并不在山中居住，只无过老着脸写几句歪诗，带方巾称治民到处投刺。近有书到治民处，他与治民最相知。舍亲一事干求也，公道没银子。

---

① 朱权：《原始秘书》卷十《俳优伎艺门》，明刻本。

冯梦龙评曰:描尽山人伎俩,堪与张伯起先生《山人歌》并传。余悲夫山之不山,而人之不人,故识之如此。

又如《山人》(《山歌》):

> 说山人,话山人,说着山人笑杀人。身穿着僧弗僧俗弗俗个沿落厂袖,头带子方弗方圆弗圆个进士唐巾。(略)笑杀山人,终日忙忙着处跟。头戴无些止,全靠虚帮衬。口里滴溜清,心肠墨锭。八句歪诗,尝搭公文进。今日胥门接某大人,明日阊门送某大人。(略)

山人在明朝成为汲汲于功名利禄的伪君子的代名词,他们披着山人的外衣,却以追求荣华富贵为目的,当时深为时人所鄙视,直到后来"山人"成为深含贬义的词①。"山人"这一阶层在明代不断地扩大成为一个庞大的阶层。明代中期以后的风气是江南士大夫一登仕籍,奴仆山人就纷纷投奔到门下,有的多达千人。当时一个尚书门下,家奴多达百人,少也不下五六十人②。山人如此,官兵也是如此。他们欺上瞒下,官匪勾结,兵贼相通。

如《瞒娘》(《山歌》):

> 阿娘管我虎一般,我把娘来鼓里瞒。正是巡检司前失子贼,杠子弓兵晓夜看。

冯梦龙在评注中一针见血地指出:"近来弓兵惯与贼通气,正恐学阿娘样耳。"

4. 农民生活的艰苦与不易

朱元璋父母皆为农民,所以明初立国有着浓厚的重农思想,并

---

① 百度百科 http://baike.baidu.com/view/372922.htm? fr=ala0_1_1
② 李乐:《续见闻杂记》卷十一第1026页,上海古籍出版社,1986年版。

推行相关的政策。按照明朝制度,除正月、十二月,因农事未兴,朝廷不向耆老宣谕之外,每月初一,文书房均要请旨宣谕一道,顺天府尹率领宛平、大兴二县知县,自会极门将宣谕领出,至承天门桥南,召两县耆老面谕①。督促百姓要顺应天时,勤于耕种。究其原因还是想让百姓知道国家"重农"的用意。但是到了明代中期,封建社会走向顶峰,资本主义悄然萌芽,贫富分化逐渐产生,许多有智慧的农民放弃靠勤俭与靠天吃饭的四季耕种,转而投向用计策与智慧获利的商业,即使从事农业,也是种一些奇珍异果等收益更快更多的产业,农业逐渐荒废。

其次,国家的税收、徭役、私租、高利贷等等让农民苦不堪言。拿徭役来说,农民有地一顷,平时需缴纳差钱7 000文,若轮当里甲,加上差钱、马价、会钱,共需交钱12 200多文。而当地一亩的产量,丰年不过一斛,而租锄、牛种之费就占去一半。按照当时的粟、豆之价,50斛最多值8 000文。可见,有100亩土地的农民,一年的收入,扣去其他费用,尚不够缴纳里甲的徭役之费②。私租也占农民耕地产量的很大部分,据顾炎武记载,吴中之民,有田者仅十分之一,而为人佃作者占十分之九。佃户辛勤劳作一年,所剩不过数斗,甚至有"今日完租,明日乞贷者"③。农民生活苦不堪言,在山歌中就有反应。如《烧香娘娘》(《山歌》)乡下女子去拜佛却没有件像样的衣服,还要向邻人借。

又如《乡下夫妻》(《挂枝儿》):

俏娘儿遇清明,先茔来上,乡下人看见了手脚都忙,若不是小脚儿认做观音样。一般样父娘养,偏生下这俊娇娘。引

---

① 陈宝良:《明代社会生活史》第102页,中国社会科学出版社,2004年3月版。
② 陈卜:《过庵遗稿》卷五《上巡抚柯公》,清末三怡堂丛书本。
③ 顾炎武著、黄汝成集释:《日知录集释》卷十《苏松二府田赋之重》第241页,中州古籍出版社,1990年版。

掉我的魂灵也。回家就乱嚷。

　　见妻儿在灶跟前,冲冲发怒。作甚业,晦甚气。讨夜叉婆。黄又黄,黑又黑,成什么货。老婆娇滴滴的美,你这车脚夫。上坟姑娘也,爱杀爱杀了我。

　　莽喉咙叫一声,乡下大舍。龙配龙,虎配虎,姻缘簿上差,臭野蛮配村姑也是天生天化。天鹅肉想不到口,痴杀你这癞蛤蟆。上坟姑娘也,自有姑夫配着耍。

　　好乡邻好言语什么大事,乡下夫,乡下妻,比不得城里的丰姿。一年犀水兼插莳。黄黑也不是胎生的。就是大舍小官儿。住在城中也,上坟的无彼此。

一方面写出乡下与城里女子生存环境不同,从侧面看出乡下生活的艰苦。

　　5. **商人重利,坑蒙拐骗**

　　上文提到许多农民转而经商,不仅农民如此,许多儒士也弃文从商。明代中期商人不断增多。商业繁荣的同时,造假、诈骗的风气也慢慢流行开来。

　　如《银匠(谑部)》:

　　倾银的分明是活强盗,恨不得一火筒夺去了银包,你如何不识机落他圈套。炭火儿簇一会,瓦盖儿揭几遭。撒上一把硝儿也,贼,银子儿偷去了。

无良商人的增多滋生了许多游手好闲、不务正业的公子哥,许多人花钱买官,人在其位不谋其事。

　　如《子弟》(《挂枝儿》):

　　子弟们打扮得其实有兴,玉簪儿撑出那纱帽巾,白绸衫一色桃红裈。道袍儿大袖子,河豚鞋浅后跟。一个个戙起那天庭也,气质难得紧。

冯梦龙评"好一幅行乐图",买官卖官在有钱的商人那里进行得十分猖獗。

如《假纱帽》(《挂枝儿》):

真纱帽戴来胆气壮,你戴着只觉得脸上无光,整年间也没升也没个降。死了好传影,打醮好行香,若坐席尊也,放屁也不响。

6. 底层人民的生活

明代对各行各业的人有一个称呼叫"三教九流"。受压迫者多被视作下九流,生活悲凉。

如十分著名的吴歌《月子弯弯》:

月子弯弯照九州,几家欢乐几家愁。几家夫妻同罗帐,几家飘散在他州。

这其中淡淡的哀婉情绪有着看罢世间沧桑后的无奈。

在《挂枝儿》《山歌》中出现最多的底层人民是妓女。妓女数量的增加主要因为社会上享乐之风的泛滥,这将在下文说明。吴歌中的妓女形象主要分为两种:一种是真性情,敢爱敢恨,虽然身世无可奈何但还是执着于对情郎的操守。

如《醋》(《挂枝儿》):

自相交为吃醋闲言斗,买你心合你意听你自由,谁知你习惯了迎新忘旧。今日这个好,明日那个丢。过不得心儿也。公道话儿才开口。

又如《查问》(《挂枝儿》):

负心人这几日谁家睡,风月中那有你薄幸贼,叫奴家念得舌尖碎。喷嚏儿打一个,耳朵儿热一回。实实的招来也,冤家,莫讨费了嘴。

另外一种是见钱眼开,虚情假意,见风使舵。
如《怕闪》(《挂枝儿》):

风月中的事儿难猜难解,风月中的人儿各个会弄乖,难道就没一个真实的在。我被人闪怕了,闪人的莫再来。你若要来时也,闪人的法儿改。

冯梦龙评道:"或曰:又闪人心,方有闪人法。末句易'闪人的心肠改'如何? 余曰:风月中法儿最多。谚云:'只怕乖而不来,那怕来而使乖。'不闪人又不为人闪者,吾见亦罕矣。有闪人之法,因生防闪之法,又生防防闪之法。法法相生,闪闪莫悟,可悲亦可畏也。法儿其显者,人犹不知,况心乎?"

二、明代生活现象的社会观念因素分析

社会现象的出现不仅受到经济因素的影响,社会观念的发展与形成对世象也有着重要的影响。人们的生活方式、行为活动往往是观念的反应。而某个时代总会有一些或流行或根深蒂固的观念左右着整个社会的进程。《挂枝儿》《山歌》是我们进行明代社会观念思索的入口与起点,山歌中大胆直接的男欢女爱,隐喻的种种社会现象都为我们提供了对社会观念进行分析的窗口。

1. 不满足感和享乐主义

商业化浪潮对明代社会观念的形成有很大影响。传统观念

是将农业视作"勤",经商买卖归于"游惰",明朝人却将经商视作一种正常的谋生手段,而且是快速致富的手段。商业逐渐向各个社会阶层渗透,结果就是天下之人皆有经商逐利之心,在生活中也秉承这一种商业化的锱铢必较、见钱眼开、贪得无厌的精神。明人朱载堉有一首《十不足》歌,真实地反映了当时人们不满足的心态:"逐日奔忙只为饥,才得有食又思衣。置下绫罗身上穿,抬头又嫌房屋低。盖下高楼并大厦,床前缺少美貌妻。娇妻美妾都娶下,又虑出门没马骑。将钱买下高头马,马前马后少跟随。家人招下十数个,有钱没势被人欺。一拴拴到知县位,又说官小势位卑。一攀攀到阁老位,每日思想要登基。一日南面坐天下,又想神仙下象棋。洞宾与他把棋下,又问那是上天梯。上天梯子围坐下,阎王发牌鬼来催。若非此人大限到,上到天上还嫌低。"①

原本"知止"的安分守己被贪婪的不知足感取代。这种不知足感同时也体现在风月上。"妻不如妾、妾不如妓、妓不如偷、偷着不如偷不着"就是这种不知足感的体现。所以《挂枝儿》《山歌》中出现许多描写冤情、隙情、别情的山歌,描写偷情丈夫、滥情嫖客、无情妓女的山歌也成为主题。

中国的儒家文化讲究"仁",对人要有"礼",孔子即使不仕,也希望老者衣帛食肉、黎民不饥不寒。但明朝的生活观念逐渐背离儒家思想,转而成为一种利己的享乐主义。民间的享乐不过是喝酒赌博嫖妓,士绅与宫廷更追求一种雅的享受,收藏字画、古董、弹琴下棋。享乐主义使社会向前发展缓慢,并逐渐滋生出一种怠惰、轻佻、无礼之风。男女之间不再授受不亲而是卿卿我我,对性的态度也越来越轻佻放肆,私情泛滥。

---

① 朱载堉:《醒世词》,载路工编《明代歌曲选》第75页,上海古典文学出版社,1956年版。

2. 社会俗化导致的"闲情"与"腻情"

传统的仕人乃至民众追求的都是一种闲适生活,"名利不如闲"是大家常挂在嘴边的口头禅。"闲情"的意思是一种怡然自得、自给自足的不慌不忙的状态。仕子可以很忙,但内心追求的却是一种"悠然见南山"的悠闲意境。但在明代,许多仕人虽说追求的是一种闲适的状态,但这种闲适却变了味道,他们将宫室之美、妻妾之奉、口中梁肉等对物质生活的追求奉为"闲情"。从精神上的高雅追求转变为物质上的俗化追求。大体来说,士绅们将自己的前半生精力全部耗费在科举上,等到登科入仕后,八股文就会被束之高阁,如何做事、如何从政,诸如国家的、民族的、社会的问题都一概置之不理,却用全副精神来谋求物质和精神的享受①。

这种"闲情"经过一定程度的发展就变为"腻情"。袁宏道言"五快活"正是这方面的真实写照。其中第五种快活中写道:"人生受用至此,不及十年,家资田地荡尽,然后一生狼狈,朝不谋夕,托钵歌楼妓院,分餐孤老之盘,往来乡亲,恬不知耻。"②世人们放浪形骸,声色犬马,有一些士绅为了掩饰自己俗化爱好,便追求一些矫情的情趣,如我们熟悉的《四时幽赏录》正是这方面的真实写照。狎妓听曲在明代已经不是恶事,而是士大夫风流雅致的生活之一。有些轻薄文人甚至用科名来标榜妓女③。俗化被社会承认的另一个表现是明代剧作家和传奇作家大部分都是达官文人④。这对于民间文学的传播是十分有利的。

"闲情"与"腻情"不仅在仕人阶层流行,在民间,人们尽管生活

---

① 陈宝良:《明代社会生活史》第 82 页,中国社会科学出版社,2004 年 3 月版。
② 袁宏道著,钱伯诚笺校:《袁宏道集笺注》卷五,上海古籍出版社,1981 年 7 月版。
③ 陈宝良:《明代社会生活史》第 88 页,中国社会科学出版社,2004 年 3 月版。
④ 李平:《乐府玉树残英对青阳滚调的探讨价值》,载朱立元、裴高主编《中西学术(二)》第 170 - 194 页,复旦大学出版社,1996 年版。

艰辛,也对"闲情""腻情"趋之若鹜,情词由于人人皆有兴致,就成为当时十分流行的俗曲,《挂枝儿》《山歌》应运而生,其中爱情的大胆描写和调脂弄粉之语成为当时俗文化流行的一个见证。

3. 人生自适观念与自我意识的扩张

传统中国人讲究"礼让""推己及人""成人之美",宁可牺牲小我也要成全大我,尽可能地帮助弱者。但到了明代,李贽首先开创了人生自适的观念,"士贵为己,务自适。如不自适而适人之适,虽伯夷、叔齐同为淫僻;不知为己,惟务为人,虽尧舜同为尘垢秕糠。"①这些观点不仅得到一些士大夫的响应,而且逐渐渗透到人们的生活中去。人生自适的观念是一种新的生活态度,对于以前封建社会统治者的辖制是一种观念上的反抗,这种观念使人们丧失了一些彼此友爱交好的优秀品质。人生自适的观念也可以看做是资本主义萌芽时期人们思想观念向私有制的转变。人们渴望追求更高的富贵和地位,不安分不克己的思想滋生了;人人都想满足自己的欲望,所以对别人变的苛刻了。没有官职的平头百姓无可奈何,即使想自适但限于钱财不足、地位不够,只能说些中伤别人的刻薄的话,而这往往又会成为山歌的内容。有官职的官员有了自私自利之心,滥用职权、克扣粮饷等现象就出现了。

自明代中叶以后,明朝人有一个逐渐凸显自我的变化历程。自我扩张表现在社会生活的方方面面,而其理论的依托则是"自具心眼",不以前人的是非为是非;而其行为方式乃至特征则是"大胆"②。由于城市生活日渐繁华,明代许多妇女不再安于闺房,而是积极外出参加各种活动,自我观念的加强与追求自适的新观念让妇女们追求爱情的思想与行为更为大胆。许多妇女敢爱敢恨,追求自由,大胆追求新恋情,甚至暗会情郎、暗中偷情等对于以前

---

① 李贽:《焚书增补一·答周二鲁》第258-259页,中华书局,1975年版。
② 陈宝良:《明代社会生活史》第43页,中国社会科学出版社,2004年3月版。

妇女来说是可耻的事情,在明代却被编成广为流传的山歌俚曲。

三、社会观念投射的社会背景

社会观念是在一个大的社会背景下逐渐形成的,社会关系与社会秩序影响着生活与经济、社会、思想、心态等种种方面。明朝人生活在一个社会转型时期,尤其是明代中期以后的社会,是以急剧变化为其特征的①。这对明代人社会观念的形成与转变产生重要的影响。

1. 纲纪礼法制度的破坏

"士庶敢于犯上,寖成乱阶"②已经成为晚明社会的真实写照。家中子女不再尊重父母,学校里弟子不再听从于师傅,乡里年幼者鄙视年长者,朝上小吏藐视大臣。这种纲常被破坏、秩序无常的现象正说明了人们人生观、价值观的改变,是非对错不再绝对,怀疑与反抗的精神也就滋生了。《挂枝儿》《山歌》正是在这种背景下出现的。

纲纪礼法为何被破坏？首先我们要看是什么破坏了纲纪礼法。"今夫天下之人,不为商者寡矣。"③这正是明代中期以后商业对市场和人心的占领。"利心一发,则虽父子兄弟,素厚朋友,即反心而不顾。"④利心使人心以机械变诈为事,我们就不难看出纲纪礼法正被逐利之心侵犯,这从社会变革的视角可以看做是资本主义萌芽向封建社会的入侵。

2. 宽容的社会环境与充足的话语空间

我们读《挂枝儿》《山歌》的时候,不禁要问为什么这种口味偏重、情感肆意的文章能在明朝流行起来？而不像清朝,一提起文字

---

① 陈宝良:《明代社会生活史》第1页,中国社会科学出版社,2004年3月版。
② 陈宝良:《明代社会生活史》第3页,中国社会科学出版社,2004年3月版。
③ 丘濬:《重编琼台稿》卷十《江湖胜游诗序》第205页,上海古籍出版社,1991年版。
④ 郎瑛:《七修类稿》卷十七《义理类·利》第172页,上海书店出版社,2001年版。

狱,人人噤若寒蝉、闻之色变？明人姚旅认为,当国家强盛太平之时,最大的特点就是"人心宏拓,眼界阔大"①。晚明人在学问上海纳百川,不以儒家为最高,而是兼容各家思想,所以出现了许多兼收并蓄的大学者。明代人心的包容思想为各种门类艺术的传播提供了肥沃的土壤,尤其是小说的流行和繁荣,打破了正统诗文的垄断地位。题材不仅限于讲史小说、神魔小说、公案小说,还有以世情为主的现实题材小说。《三言二拍》《金瓶梅》《封神演义》等都是当时的佳作。人们思想的包容也体现在对等级制度的忽视上。服饰是等级制度突出的反映。官民服式,俱有定制。但自明代中期以后,皇帝自己就经常赐给一些大臣蟒衣,而且这些蟒衣的正面全身,居然与皇帝所穿的衮龙袍没有多少差别②。这也从一个侧面反映了明代中后期朝政的松散与宽松。

明代中后期的民间话语空间相对于以往扩大了许多。明代的民间一直存在着一种"异言"的传统。在古代,"异言"有禁,而在晚明,"异言"风行,这不能不说是社会的一种新动向③。《山歌》中也出现一些指代明显的讽刺作品。

如《多》

天上星多月弗明,池里鱼多水弗清。朝里官多乱子法,阿姐郎多乱子心。

3. 游民大增与社会流动的频繁

民歌与山歌的繁荣需要大量流动的人口随着他们到处迁徙而继承和传播。明代流民的数量很大,"方今法玩俗偷,民间一切习

---

① 姚旅:《露书》卷九,明天启刻本。
② 陈宝良:《明代社会生活史》第 11 页,中国社会科学出版社,2004 年 3 月版。
③ 陈宝良:《明代社会生活史》第 12 页,中国社会科学出版社,2004 年 3 月版。

为闲逸。游惰之徒,半于郡邑。异术方技,僧衣道服,祝星斗步,习幻煽妖,关雎之间,往往而是。"①游民不是指没有工作的人,而是指从事传统的四民"士农工商"以外工作的人。在这种情况下,明人姚旅提出了"二十四民"之说。二十四民指除了士农工商以外的道士、医者、卜者、星命、相面、相地、弈师、驵侩、驾长、轿夫、篦头、修脚、修容、倡家、小唱、优人、杂剧、响马贼②。这些人如果数量很少的话是不可能成为姚旅关注的对象,并把他们归结成"十八民"的。游民的大增使社会关系和社会秩序出现许多新的变化,同样也促进了人口的流动。

明代的游寓之人很多。当时仕人游寓之风盛行,和一些朋友三两知己共同登高凭栏、感时伤怀。商人更是常年在外经商,如南京的典当铺,在正德以前全是本地人开设,但到了万历年间,这些典当铺与其他绸缎铺、盐店"皆为外省外郡富民所据矣"③。工匠技艺之人大多在外工作,学手艺赚钱。明朝初期实行的政策是稳定士、农、工、商四个阶级,让其各守本业,不得远游。但明代中后期人口流动频繁对于封建统治的执行是不利的,户籍的制定也出现了困难。社会流动的扩大是社会进步的体现,对文化的交流融合也起到了十分重要的作用。

---

① 陈宝良:《明代社会生活史》第2页,中国社会科学出版社,2004年3月版。
② 姚旅:《露书》卷九,明天启刻本。
③ 陈宝良:《明代社会生活史》第52页,中国社会科学出版社,2004年3月版。

个案研究 3

靖江讲经宝卷源流考

靖江讲经宝卷是明清时代做会讲经的一种遗存,保留了许多珍贵的文化资源。无论是从民间文学、民俗学还是宗教信仰的角度,都值得研究探讨。笔者在编辑《中国靖江宝卷》一书的过程中,通过阅读宝卷文本,根据手头所有的文献资料,仅就讲经宝卷的起源与流变做一点小小的考证,以就教于方家。

一、靖江做会讲经的起源

靖江宝卷是中国明清时代盛行的讲经宝卷的一部分,既受南北方讲经文化的影响,同时在传承过程中又加入了许多地方特色,具有浓郁的地方色彩,融佛教俗讲与民俗、民谣、传说故事于一体。宝卷是做会的"副产品",正是有了民间信仰的做会,才有用于做会的讲经宝卷,所以,研究靖江宝卷的起源,必须先探讨靖江做会的起源。明代民间宗教的做会是很普遍的,既有佛教的民间活动,也有民间道教的做会,更多的是三教合一的民间宗教的活动。明代民间宗教的讲经做会在全国很普遍,靖江也不例外,至少在明代中期以前就出现了。1990年8月靖江马桥出土的明嘉靖间刘志真墓中,有一张《冥途路引》,是朱刘氏嘉靖十八年(1539)三月二十六日做会时发给的"随身执照"。这是目前能看到的靖江民间做会的最早的实物。朱刘氏名志真,生于明成化元年(1465)十一月十二日,卒于嘉靖二十九年(1550)七月十九日(据墓中《明故朱母刘孺人墓志铭》),活了八十六岁[①]。这张"随身执照"填写的时间是嘉

---

① 吕森堂:《马桥明墓发掘纪略》,载《靖江文史资料》第14辑,1997年9月版。

靖十八年,时年七十五岁,距去世尚有十一年。从发掘时拍摄的照片中,可以约略看出明代当时民间宗教做会的大致内容①。这张《冥途路引》的全称是"州府□山流传冥途路引",厚皮纸,版刻刷印,名姓、日期为手填。虽破损严重,仍能看出主要内容。大意是说众生男女受富贵名利迷惑,"不信天堂地狱"之说,宰杀猪羊鸡鹅等,堕入汤镬、碓磨、拔舌地狱,"饮浓血食,受大捶楚,永无出期之日","普劝善男信女,思地狱苦,发菩提心,持斋念佛","信女刘氏,词称名属乙酉十一月十二日……志诚虔心","赍此文引前诣冥途诸王殿下,比对生前所除罪目,改录善功……乞判人天之善道,今比丘三宝敬依,永世不脱人身……善男信女遵佛泽流通,无令懈怠,有所公据……","右给付随身执照"。下标做会时间,最后是释迦牟尼的画像。

这张《冥途路引》,是当时靖江民间宗教做会讲经的产物,所做的会也即后来靖江讲经中的明路会。其证有三:

首先,冥途路引,意即冥间路途的导引,也即进入西方天堂的凭证。对于死去的人称为冥路,而对活着的人称为明路,意思是相同的。这就如同陪葬的冥器,人们习惯上称作明器一样。朱刘氏在七十五岁活着时做的会,不可能叫"冥路会"的,而应该就是"明路会"或"延生明路会"。这张《冥途路引》就是民间宗教常见的"天宫挂号"的奏表,或称"查号合同",做会时一式两份,一份在会后烧掉,等于送上天宫挂号标名,一份自己保存,是自己死后进入冥界的"随身执照",这是当时明路会所做的留着日后升天用的"凭证"。

其次,从后来靖江宝卷的资料中也可以看出二者内容是完全相同的。靖江所做的明路会叫"延生明路会",现存有两种宝

---

① 所据照片是靖江市文物局挖掘时拍摄的照片,由姚富培先生帮助,提供了照片。由于原物破损未修补,照片中文字不全。

卷:《升天宝卷》《篆香庆寿开关》,这两部宝卷都是做明路会时用的,都是为老年人延生祈福、为人以后到西方极乐世界祈福的。《升天宝卷》里说:"明路善人西方去,佛国里面去安身。西方有座琉璃阁,金阁银门昼夜开。阿弥陀佛来接引,接引善人坐莲台。此处就是安身处,万古千秋伴如来。"①《篆香庆寿开关》:"一颗印,交与你,三宝凭证。明路人,西方去,紧紧随身。""有香板,为文契,交付与你。明路人,西方去,广种福田。"②

最后,这张《冥途路引》简短的一页纸中,涉及了地狱十殿阎罗及西方的极乐世界,可知当时的做会必定有讲经的活动,而且所讲的无非是极力渲染地狱的恐怖,烘托西方世界的美妙,有了这一纸合同凭证,就可以躲过地狱的灾难,躲过胎卵化湿四生,逢凶化吉,被阿弥陀佛接引至西天。这也可以从现存的两部明路会的宝卷中得到印证。

由此可知,至少在明代嘉靖时,靖江的做会讲经就已经成为一种风气了。那么在做会时用于宣讲的宝卷,也随之而产生。

二、靖江讲经明代已经定型

讲经宝卷大多是一代代口头传承的。从最早的讲述开始,一代代口头讲下去,总是在前人的基础上有所发展,增加一些新的内容与语言,层递累积,形成现在的文本。所以一本宝卷里,有不同时代的词汇习语,明代的、清代的、近代的、现当代的都有,体现出明显的时代痕迹。这些有助于我们对靖江讲经的时代的断定。

从现有的靖江宝卷的文本来看,也可以证明靖江宝卷起源于明代中期以前。靖江宝卷中许多地方透露出明代讲经语言的信

---

① 王国良先生抄录整理本。
② 王国良先生抄录本,据《中国靖江宝卷》,江苏文艺出版社,2007年7月版。本文所引宝卷的文字除注明外,均出自此书。

息。如《香山观世音宝卷》里的监斩官名叫"忽必烈",这自然不是元世祖的名字,而是蒙古人一般的姓氏称谓。讲经者只是随手拈来这个前代习用的人名,这种称呼是讲经者凭着自己的生活经验信手拈来的,颇有一些下意识的成分。也只有在明代会拿前代外族人作为一个反讽的对象。宝卷中还留有许多明代讲经的痕迹。

从宝卷中经常出现的历史名词可以看出,靖江讲经中的许多程式和语言在明代就已定型。比如宝卷中屡屡出现的"十三省"就是典型的明代词汇。我们都知道中国的行省的划分,元代时除了京师附近地区直隶于中书省外,在河南、浙江、湖广、陕西、甘肃等处设十一行中书省,简称"十一行省"。明代改中书省为承宣布政使司,除南北两京直辖地区外,共有十三布政使司,而习惯上仍称行省,简称为省,这样,明代一般的叫法为"十三行省"或"十三省"。清代初年增为十八行省,后又增为二十二行省。在靖江宝卷里,"十一省""十八省""二十二省"都不曾出现过,所有涉及全国的地区的称呼,都是称"十三省"①,成为讲经的固定词语。不管是汉朝,还是唐宋,或是清代,只要一说到全国各地,统统都以"十三省"代指。又如许多宝卷都讲到进京考状元的事,都出现"皇上开南考""南北二京"的话,这些话语是旧时讲经的遗留。只有在明代,有南京、北京并称皇都,南北同时举行会试。清代以后,称南京为江宁府,就不再有"南北二京"的说法了。可见,这些固定的"十三省""南北二京"的词语,都是明代讲经而固定下来的,因此,我认为靖江的讲经宝卷在明代就已定型。

从现有的宝卷看,讲明朝或明朝以前的故事很多("草卷"里称"大明"故事的更多),而讲清朝故事的几乎没有("圣卷"里没有一部,"草卷"里只有一部改编的"刘公案")。《灶君宝卷》里说:"梳头

---

① 如《香山观世间宝卷》《梓潼宝卷》《土地宝卷》《十把穿金扇》《牙痕记》《白鹤图》中都提到"十三省"。

戴围巾,合是前朝人。清朝鞑子现,科头辫子行。"从对"前朝"的赞赏与对"鞑子"蔑视的叙述语气来看,当是明末清初出现的。这说明一个重要的问题,这些宝卷至少在明代或清初就已完成了,而不是像一般断定的清代中期才出现。光绪五年(1879)编《靖江县志》卷二"营建志"《裁撤尼庵示》里,载靖江知县叶滋森光绪二年(1876)禀称:"更有非僧非道之流,借名讲经,自称善卷,俚歌村语,杂凑成词。"在同书卷十九"摭谈"里又说,这种"非僧非道的之流""煽动妇女进香","礼忏之词俚而倍",雍正七年(1729)以后就大量出现了。由此可知在清朝中前期靖江讲经宝卷已经很盛行,引起官方的不满,讲经宝卷文本的形成应当更早于此。

嘉庆、道光以前,忌讳犹多,写当朝时事尤属时忌。光绪以后,外忧内患日蹙,朝廷文网渐弛,加以石印技术的普及,始有刻印当朝实事的弹词小说或宝卷,清末民初达到顶峰,但这些并没有在靖江的讲经宝卷里出现。可见靖江的主要宝卷,最迟在清代中期以前就完成了。当然有些作品具体的产生年代,尚无法确认。

三、靖江讲经宝卷与罗教的关系

靖江讲经明显受明代罗教的影响。罗教是明代中期最大的民间宗教,罗教在明代中后期迅速在全国各地传播,尤其是通过漕运南下,在运河流域传播开来。漕帮水手传习罗教,自大运河南下,很快把罗教带入运河沿岸的靖江。靖江紧邻大运河,受其影响是必然的事。宝卷中也有相关的印证。《篆香庆寿开关》中有"传开三关通九窍,九窍又通运粮河。运粮河通漕溪水,漕溪水通祖家门。"还有一些宝卷里多次提到"运连河",系"运粮河"之讹,在靖江方言里,"粮""连"二字音近。"运粮河",即通州运粮河,元代大运河长江到淮河一段的名称。虽然此处用的是民间道教里常见的以地名喻人身的说法,但以运粮河作比,却是首次。这也是讲经者生活经验的无意识流露。相传漕帮的三祖,都是罗教的徒弟,在漕帮中,罗清就顺理成章地成为"罗老祖"了。

《血湖宝卷》前面的偈语里有"开开罗老祖家门两扇,大乘经典涌上来。"《灶君宝卷》说:"我佛下凡尘,五部六册经。生老病死苦,普度众凡人。"这些都可以说明罗教是靖江宝卷的来源。罗教的"五部六册"一直在靖江流传宣讲,直到民国期间靖江宝卷还有宣讲罗教五部六册的。靖江的做会也有"大乘会"与"小乘会"之分,做大乘会如"明路会""庚申会"主要是照本宣讲"五部六册"宝卷,小乘会则比较活泼,讲仙佛菩萨成仙成圣的本生故事,有一定的故事情节,比较好懂,易为老百姓所接受。所以后来大乘会逐渐被通俗生动的有故事情节的小乘会取代,现在通行的一般都是小乘会。做小乘会不仅圣卷讲菩萨成圣的故事,如"三茅会""大圣会""观音会"等,晚间宣讲的草卷都是历史与小说故事,内容更丰富,更生动。所以,尽管起源于罗教,但靖江讲经宝卷的主题是劝善,通过因果报应的故事引导人们行善积德,和明清的民间宗教帮会不同,它主要是一种民俗信仰和娱乐活动。

另外,明末以后,罗教南移的江南老官斋教对靖江的吃斋做会的风气也有很大的影响①。罗教吃素念经之所,称为经堂,多为民房,间亦另立庵堂。老官斋源出罗教,其习念经卷及入教仪式多相近。老官斋习教次第分为十二步,凡入教之始,由小引入大引,再由大引进为四句,始入小乘,授以二十八字法,由四句进为传灯,发给教单,准许领寻常拜佛法事。由传灯进为号敕,准传大乘法。在靖江的做会,称斋主、善友,十分强调持斋吃素,有老官斋教的痕迹。

虽然受了罗教的影响,也袭用了不少罗教的一些常用的话头,但靖江宝卷却很少有民间宗教的色彩,它的主旨是劝善,通过因果报应的故事,要人们弃恶从善,行善积德,它不属于任何教门教派,

---

① 参见马西沙、韩秉方:《江南斋教的传播与演变》,《中国民间宗教史》,上海人民出版社,1992年12月版。

而是集民间信仰与娱乐于一体的民俗艺术。

四、靖江讲经宝卷独特的地域性色彩

靖江讲经艺人被称作"佛头",既非僧人,也非道士,而是世俗的讲经艺人,这决定了他们民间宗教三教合一的特征。在明代,就有许多这样做会讲经的佛头。明末话本小说《型世言》第二十八回"痴郎被困名缰,恶髡竟投利网"中说:张秀才请和尚颖如在家中设经房。厅内中间摆设三世佛、王皇各位神祇,买了些黄纸,写了些意旨,"愿行万善,祈求得中状元","先发符三日,然后斋天进表。每日颖如作个佛头,张秀才夫妇随在后边念佛,做晚功课"。这与靖江讲经的佛头是很相近的。

靖江的讲经以口头传承的方式为主。关于佛头的传承体系,明代和清代中前期的讲经的传承情况无从可考。从晚清到1949年前后,历来都是拜师学艺、师传徒承。拜师要请拜师酒,签订投师纸(合同),规定学徒时间,一般为二至三年,学徒期间与师傅外出讲经,经济收入全部归师傅,不外出时在师傅家帮做杂务,学徒期满,可以拿师傅的一半收入。佛头授徒以口传为主,即随师外出做会,坐于旁边观看听讲,师傅也传授部分简单的手抄本以供学习。由于做会的礼仪繁复,讲唱经卷全凭记忆,就这样辈辈相传。

所以,他们的讲经,不可能是像唐宋的变文、俗讲那样由高僧大德讲通俗的佛经故事,也与道士讲的神仙传说不是很一致。

靖江宝卷与明清流行的其他宝卷还有很大的不同,不仅与佛道的菩萨神仙不同,就是与民间的传说也有很大差别。圣卷中除了少数几种因流传特别广如《香山观世音宝卷》《目连救母宝卷》《关帝宝卷》《十王宝卷》与普遍传说的一致之外,大部分宝卷都与流行宝卷不同。如靖江宝卷中最著名的《三茅宝卷》中的三茅真君金乾、金坤、金福与正宗道教三茅真君茅盈、茅固、茅衷除了时代外,一切行事都不同,《大圣宝卷》中的张长生与历史上的泗州大圣时代、国度、姓名也全无关①。《梓潼宝卷》讲梓潼帝君(即文昌帝君)故事,一般的传说,都是指四川梓潼县的张亚,或叫张恶,或张恶子,晋时人,被尊为文昌帝君,唐李商隐与孙樵都写过有关诗文,可参见钱大昕《十驾斋养新录》卷十九或赵翼《陔余丛考》卷三十五的考证。但靖江宝卷的《梓潼宝卷》讲的却是唐代的陈梓春,没有一点相近之处。灶君,有说为炎帝,有说为老妇人,有说为苏吉利,一般的说法是姓张,名单,字子郭,但靖江的《灶君宝卷》《东厨宝卷》作张九龄,且事实与时代完全不同。药王,或以为扁鹊,或以为孙思邈,或以为韦慈藏,道教以韦善俊、韦古道为药王,佛教以为过去无量阿僧祇,或南无北方九十九佛百千万同名大药王菩萨,但靖江宝卷却以卢功茂为药王菩萨,其妻霍氏为药尚菩萨,卢功茂与霍氏虽然在道教的小说《吕洞宾三戏白牡丹》之类书中提到过,却从无"药王"之称②。

  这些都是靖江讲经宝卷的独特之处,它不是依据佛经道经的改编或俗讲,而是民间艺人的再创造。仔细研究这些宝卷的文本就会发现,它的佛道宗教的成分少,而民俗传说的成分居多。宝卷从产生、发展到现在,并没有沿着像民间教派罗教或老官斋教的民间宗教的轨迹发展,而是逐渐成为与一般的民间信仰相结合的以延生祈福劝善为主的娱乐活动。佛头也更接近于民间讲唱艺人,从原来枯燥的做会宣卷,发展到情节日益丰富、故事性日益增强的宝卷改编,这从数量更为众多的草卷中更能得到体现。即使在做会中,也有一些插花逗乐,增强了世俗的娱乐气氛。口承文化的保护,是文化价值与经济价值的统一。只有把文化价值转化为经济

---

  ① 参见吕宗力、栾保群:《中国民间诸神》,河北教育出版社,2001年1月版。车锡伦先生《江苏靖江的做会讲经》(载《中国靖江宝卷·附录》)已详论,此处不赘述。

  ② 参见吕宗力、栾保群:《中国民间诸神》,河北教育出版社,2001年1月版。

价值,才能在社会中有发展的动力与活力。同时,提倡经济价值,以不破坏其文化价值为前提,破坏了文化价值,使其失去了特色,最终损害的也是经济价值。这为非物质文化的保护提出了值得思考的问题。

个案研究 4

靖江讲经宝卷传承谱系的调查

宝卷是由唐代变文和宋代"说经"演化而成的一种俗讲文本，自明清以来融进大量的民间传说、民歌民谣和社会风俗，成为亦圣亦俗、亦庄亦谐的，以叙事为主、韵散结合的民间说唱文体。1949年以后，完整的做会讲经在全国绝大多数地方都已销声匿迹，只有靖江至今仍完整地流传下来。本文通过实地走访调查，对清末以来靖江讲经宝卷的传承谱系做一梳理工作。

一、靖江宝卷流行的区域及地理环境

靖江市位于江苏中部南端，东南西三面环江，与张家港、江阴市隔江相望，东北、西北与如皋、泰兴市毗连。靖江境域东西距离43公里，南北距离18公里，总面积673.1平方公里，其中陆地面积564.2平方公里，水域面积108.9平方公里，为长江冲积平原。最初它是三国吴赤乌年间在江中涌出的沙洲，此后一千多年间，它仍是处于江中的一个孤岛。后因长江主流南移，明天启年间北面江流淤塞，遂与如皋、泰兴接壤。明成化七年（1471），靖江从江阴县分出设县，隶属常州府，今属泰州市。境内以旧城南郊的横港为界，以北称老岸，南面沿江地区称沙上。老岸地区讲吴语方言，称老岸话，是苏中南端的吴方言孤岛。沙上地区成陆较迟（鸦片战争始才逐渐与老岸连接成片），为后来移民居住之地，方言混杂，称沙上话。

靖江讲经宝卷就流传于老岸地区，用老岸话讲唱。因长期三面环江，一面与淮语相接的地理形势及吴方言孤岛的语言文化背

景,形成了区域特征鲜明的民间信仰与讲唱文学合一的特色文化。

靖江市现有12个镇,讲经宝卷就在老岸地区的9个镇广为流传,用老岸话讲唱。流传区域面积400余平方公里。从历史地理文化的发展来说,靖江属吴文化区,靖江讲经宝卷应该与苏南吴方言区广泛流行的宣卷有密切关系。

二、靖江宝卷传承谱系

关于佛头的传承体系,从晚清到1949年前后,历来都是拜师学艺、师传徒承。拜师要请拜师酒,签订投师纸(合同),规定学徒时间,一般为二至三年,学徒期间与师傅外出讲经,经济收入全部归师傅,不外出时在师傅家帮做杂务,学徒期满,可以拿师傅的一半收入。佛头授徒以口传为主,即随师外出做会,坐于旁边观看听讲,师傅也传授部分简单的手抄本以供学习。由于做会的礼仪繁复,讲唱经卷全凭记忆,就这样辈辈相传。由于这种口承方式的限制,至多只能上溯四五代,再远就渺无可考了。其大体传承谱系如下:

序号	系列	代别	姓名	性别	出生年份	文化程度	师从何人	学艺时间	居住地址
一	陈良生系	第一代	陈良生	男	1878年	文盲	不详	1893年	孤山镇燕桥村
		第二代	钱如山	男	1902年	初小	陈良生	1916年	孤山镇涨公村
		第三代	陈梓轩	男	1929年	私塾	钱如山	1943年	孤山镇通太村
			刘如生	男	1913年	私塾	钱如山	1928年	季市镇安武村
			刘炳芳	男	1925年	私塾	钱如山	1940年	孤山镇通太村
			刘水根	男	1923年	私塾	钱如山	1938年	靖城镇柏三村
			徐灿艺	男	1928年	私塾	钱如山	1943年	孤山镇土桥村
			朱明春	男	1927年	私塾	钱如山	1942年	孤山镇山东村
			魏仲善	男	1925年	私塾	钱如山	1940年	斜桥镇广一村

(续表)

序号	系别	代别	姓名	性别	出生年份	文化程度	师从何人	学艺时间	居住地址
一	陈良生系	第四代	刘承宗	男	1946年	初中	陈梓轩	1986年	季市镇安武村
			宋金海	男	1955年	初中	陈梓轩	1985年	季市镇安武村
			杨汉松	男	1955年	初中	陈梓轩	1990年	靖城镇江安新村
			刘满根	男	1952年	初中	徐灿艺	2000年	团结镇六甲村
			刘中原	男	1955年	初中	徐灿艺	1995年	团结镇勤丰村
		第五代	倪振林	男	1947年	初中	刘承宗	2000年	斜桥镇友谊村
			邵和芳	女	1960年	高中	杨汉松	1998年	靖城镇江安新村
二	宋扣松系	第一代	宋扣松	男	1875年	私塾	不详	1888年	孤山镇土桥村
		第二代	宋浩兴	男	1901年	初小	宋扣松	1915年	孤山镇土桥村
			宋惠郎	男	1903年	初小	宋浩兴	1919年	孤山镇土桥村
		第三代	宋孝芹	男	1930年	私塾	宋惠郎	1945年	孤山镇土桥村
			宋初芹	男	1932年	私塾	宋惠郎	1947年	孤山镇土桥村
			范炳生	男	1923年	私塾	宋浩兴	1938年	孤山镇土桥村
			陈忠	男	1925年	私塾	宋浩兴	1940年	季市镇裕福村
			黄国方	男	1924年	私塾	宋惠郎	1981年	孤山镇镇南村
			徐同根	男	1895年	私塾	宋惠郎	1922年	靖城镇柏木村
			王荣治	男	1933年	私塾	宋惠郎	1949年	孤山镇镇南村
		第四代	宋孝三	男	1960年	初中	宋初芹	1983年	孤山镇土桥村
			魏虎成	男	1930年	私塾	徐同根	1945年	斜桥镇广一村
			肖明其	男	1945年	初中	宋初芹	1993年	靖城镇泥河村
		第五代	姚灿培	男	1943年	初中	肖明其	1958年	斜桥镇筱山村
三	季汉生系	第一代	季汉生	男	1902年	私塾	不详	1917年	靖城镇红卫村
		第二代	袁戈生	男	1937年	初中	季汉生	1950年	季市镇季新村
		第三代	吴普松	男	1943年	初中	袁戈生	1985年	季市镇祁安村

(续表)

序号	系别	代别	姓名	性别	出生年份	文化程度	师从何人	学艺时间	居住地址
三	季汉生系	第三代	张东海	男	1946年	初中	袁戈生	1986年	孤山镇王庄村
			刘正坤	男	1963年	高中	袁戈生	1979年	斜桥镇东闸村
		第四代	张进	男	1959年	初中	吴普松	1995年	季市镇祁安村
			陈四郎	男	1960年	初中	吴普松	1992年	孤山镇土桥村
四	何祥大系	第一代	何祥大	男	1845年	私塾	不详	1858年	马桥镇新圩村
		第二代	陆秀龙	男	1865年	私塾	何祥大	1878年	马桥镇锦观村
		第三代	陆保民	男	1893年	私塾	陆秀龙	1908年	马桥镇锦观村
		第四代	陆修	男	1938年	高中	陆保民	1955年	马桥镇锦观村
			陆满祥	男	1925年	小学	陆保民	1937年	马桥镇锦观村
		第五代	许锦生	男	1935年	小学	陆满祥	1999年	马桥镇福兴村
			谢跃明	男	1932年	小学	陆满祥	1993年	马桥镇友仁村
			曹永富	男	1944年	初中	陆满祥	1985年	团结镇勤丰村
五	缪维新系	第一代	缪维新	男	1865年	私塾	不详	1881年	团结镇石桥村
		第二代	秦功庆	男	1888年	私塾	缪维新	1912年	季市镇陈唐村
			范少根	男	1911年	私塾	缪维新	1926年	团结镇新联村
			缪贵荣	男	1923年	私塾	缪维新	1938年	马桥镇新圩村
		第三代	秦培生	男	1916年	私塾	秦功庆	1931年	季市镇陈唐村
			秦锦生	男	1918年	私塾	秦功庆	1933年	季市镇陈唐村
			张巧生	男	1917年	私塾	秦功庆	1934年	季市镇裕福村
			范巧荣	男	1933年	私塾	范少根	1948年	团结镇勤丰村
		第三代	朱余根	男	1933年	小学	范少根	1985年	团结镇石桥村
			陆金柏	男	1943年	初中	范少根	1955年	西来镇龙华村
			张桂和	男	1944年	高中	缪贵荣	1960年	马桥镇三爱村

(续表)

序号	系别	代别	姓名	性别	出生年份	文化程度	师从何人	学艺时间	居住地址
五	缪维新系	第四代	周祖坤	男	1946年	初中	秦培生	1988年	季市镇裕福村
			田如海	男	1945年	初中	张巧生	1986年	季市镇裕福村
			常孝方	男	1920年	私塾	张巧生	1942年	团结镇勤丰村
			赵松群	男	1942年	初中	张巧生	1978年	孤山镇孤山村
			黄立清	男	1974年	初中	张桂和	1987年	马桥镇经伦村
			夏国良	男	1951年	小学	张桂和	1987年	马桥镇三爱村
			杨振坤	男	1947年	初中	张桂和	1985年	马桥镇幸福村
		第五代	赵福郎	男	1953年	小学	赵松群	1980年	孤山镇孤山村
六	卢筛林系	第一代	卢筛林	男	1869年	私塾	不详	1884年	团结镇富前村
		第二代	闻国良	男	1899年	私塾	卢筛林	1914年	团结镇杨太村
		第三代	周俾成	男	1912年	私塾	闻国良	1930年	团结镇六甲村
			刘儒郎	男	1922年	私塾	闻国良	1942年	孤山镇新庄村
			毛汝康	男	1915年	私塾	闻国良	1930年	孤山镇王庄村
			闻和根	男	1928年	私塾	闻国良	1943年	团结镇杨太村
			闻天根	男	1928年	私塾	闻国良	1943年	团结镇杨太村
			鞠明先	男	1924年	私塾	闻国良	1939年	团结镇富前村
			陈炳生	男	1919年	私塾	闻国良	1938年	团结镇六甲村
		第四代	朱品前	男	1939年	初中	闻和根	1990年	孤山镇山南村
			鞠海林	男	1947年	初中	鞠明先	1987年	团结镇富前村
七	吴秀堂系	第一代	吴秀堂	男	1909年	私塾	不详	1924年	团结镇杨太村
		第二代	张艺荣	男	1935年	小学	吴秀堂	1948年	团结镇常胜村
		第三代	陈金坤	男	1944年	小学	张艺荣	1985年	团结镇六甲村
			张云虎	男	1968年	初中	张艺荣	1984年	团结镇常胜村
		第四代	何翠英	女	1945年	小学	陈金坤	1989年	孤山镇山南村

(续表)

序号	系别	代别	姓名	性别	出生年份	文化程度	师从何人	学艺时间	居住地址
八	刘清毅系	第一代	刘清毅	男	1880年	私塾	不详	1895年	季市镇安武村
		第二代	苏顺庆	男	1900年	私塾	刘清毅	1915年	斜桥镇安宁村
			吴大苟	男	1895年	私塾	刘清毅	1910年	季市镇新胜村
			高国荣	男	1922年	私塾	刘清毅	1937年	斜桥镇光红村
		第三代	唐金根	男	1912年	私塾	苏顺庆	1927年	斜桥镇安宁村
			刘金荣	男	1927年	私塾	苏顺庆	1940年	西来镇泥桥村
			戴汝荣	男	1933年	私塾	苏顺庆	1948年	斜桥镇黄普村
			张宝成	男	1939年	小学	苏顺庆	1955年	斜桥镇灯杆村
		第四代	钱明荣	男	1927年	初小	唐金根	1943年	斜桥镇灯杆村
			邱金红	男	1978年	初中	张宝成	1995年	西来镇敦义村
			佘东兴	男	1952年	初中	张宝成	2001年	季市镇新安村
			顾网红	男	1940年	小学	刘金荣	1970年	西来镇新木村
			唐桂荣	男	1925年	私塾	唐金根	1940年	斜桥镇黄普村
			马国林	男	1977年	初中	唐桂荣	1992年	季市镇横河村
			王秀珍	女	1941年	小学	唐桂荣	1991年	西来镇同心村
九	陈松堂、陈友堂系	第一代	陈松堂	男	1892年	私塾	不详	不详	西来镇敦义村
			陈友堂	男	1895年	秀才	不详	不详	西来镇敦义村
		第二代	陈小庆	男	1910年	私塾	陈友堂	1925年	西来镇敦义村
		第三代	陈月南	男	1953年	小学	陈小庆	1968年	西来镇敦义村
			张伯华	男	1944年	初中	陈小庆	1959年	西来镇新木村
		第四代	孙宗建	男	1983年	初中	陈月南	2001年	西来镇新木村
			杜明达	男	1977年	初中	陈月南	1995年	西来镇新木村
			王兴	男	1979年	初中	张伯华	1998年	西来镇普福村
十	吴林生系	第一代	吴林生	男	1907年	私塾	不详	1922年	西来镇西来村
		第二代	陆友林	男	1915年	初小	吴林生	1943年	西来镇龙华村

(续表)

序号	系别	代别	姓名	性别	出生年份	文化程度	师从何人	学艺时间	居住地址
十	吴林生系	第三代	陆爱华	男	1940年	小学	陆友林	1965年	西来镇龙华村
			陆金福	男	1945年	小学	陆友林	1985年	西来镇龙华村
		第四代	朱接根	男	1951年	初中	陆爱华	1971年	西来镇永莫村
			魏文伟	男	1952年	初中	陆爱华	1972年	西来镇丰家村
十一	顾汉郎系	第一代	顾汉郎	男	1867年	私塾	不详	1880年	马桥镇白衣村
		第二代	刘定邦	男	1887年	私塾	顾汉郎	1902年	马桥镇白衣村
		第三代	乔晋元	男	1918年	私塾	刘定邦	1933年	马桥镇白衣村
		第四代	刘孝犬	男	1937年	小学	乔晋元	1973年	马桥镇徐周村
			刘金坤	男	1947年	初中	乔晋元	1967年	马桥镇晓阳村
			朱松祥	男	1940年	小学	乔晋元	1959年	马桥镇幸福村
			刘金玉	女	1956年	初中	乔晋元	1996年	生祠镇生祠中学
			侯和平	男	1975年	初中	乔晋元	1997年	马桥镇福兴村
			刘金传	男	1978年	初中	乔晋元	1995年	马桥镇九里村
			毛宝珠	女	1947年	小学	乔晋元	1989年	红光镇新贤村
十二	丁祖德系	第一代	丁祖德	男	1895年	私塾	不详	1909年	红光镇涨公村
		第二代	丁祖培	男	1897年	私塾	丁祖德	1915年	红光镇涨公村
			瞿时进	男	1927年	小学	丁祖德	1942年	红光镇红桥村
		第三代	瞿三明	男	1950年	初中	瞿时进	1966年	红光镇红桥村
十三	施裕春系	第一代	施裕春	男	1865年	私塾	不详	1878年	红光镇红桥村
		第二代	王山河	男	1875年	私塾	施裕春	1893年	红光镇红英村
			施保珍	男	1897年	私塾	施裕春	1910年	红光镇红桥村
		第三代	施惠民	男	1940年	小学	施保珍	1954年	红光镇红桥村
			陈秉均	男	1895年	私塾	王山河	1910年	红光镇红英村
			周跃宗	男	1895年	私塾	王山河	1910年	红光镇地藏村
			冯德辉	男	1895年	私塾	王山河	1915年	红光镇红英村
			刘锡庆	男	1890年	私塾	王山河	1912年	红光镇红英村
			王任贤	男	1902年	私塾	王山河	1916年	红光镇红英村

(续表)

序号	系别	代别	姓名	性别	出生年份	文化程度	师从何人	学艺时间	居住地址
十三	施裕春系	第三代	王国良	男	1926年	初师	王山河	1932年	红光镇红英村
		第四代	周继升	男	1910年	私塾	周跃宗	1922年	红光镇地藏村
			鞠东礼	男	1947年	小学	周跃宗	1967年	红光镇新丰村
			叶本培	男	1923年	私塾	周跃宗	1948年	红光镇地藏村
			张文才	男	1927年	初小	周跃宗	1952年	生祠镇东凤村
			张有才	男	1943年	初中	王国良	1983年	红光镇红英村
			王少亭	男	1952年	初中	王国良	1999年	红光镇红英村
			卢敏修	男	1937年	初中	王国良	1998年	生祠镇东进村
			陈长生	男	1936年	小学	王国良	1991年	生祠镇八一村
			薄玉兰	女	1945年	小学	王国良	1999年	生祠镇西街
			陆月英	女	1935年	小学	王国良	1998年	红光镇地藏村
			钱贵富	男	1940年	中专	王国良	2004年	红光镇二圩村
			江金来	男	1938年	高中	王国良	1998年	生祠镇七里村
		第五代	叶建芳	女	1936年	小学	王少亭	2002年	红光镇涨公村
			陈锦坤	男	1945年	初中	卢敏修	2002年	红光镇新丰村
			梅占魁	男	1943年	小学	陈长生	2001年	马桥镇白衣村
十四	丁汉庆系	第一代	丁汉庆	男	1880年	私塾	不详	1895年	孤山镇勇进村
			谢富郎	男	1900年	私塾	不详	1915年	孤山镇勇进村
		第二代	丁苟郎	男	1905年	私塾	丁汉庆	1920年	孤山镇勇进村
			谢金苟	男	1927年	私塾	谢富郎	1942年	孤山镇勇进村

目前最早只能上溯到咸丰末年,这之前肯定还有很长的传承谱系,由于文献不足征,只好付诸阙如,有待于资料的进一步发现与考证。

三、调查结果分析

从调查结果看,在晚清至民国以前的讲经队伍中,大部分的佛头是私塾出身。虽然文化水平普遍并不是很高,但有较深厚的旧学的基础,也就是对传统的"四书五经"较熟悉,在宝卷讲唱中能熟练运用许多传统的经史知识,以及当地民俗传说故事,这些在宝卷传承中积淀下来。而 1949 年以后特别是当前的讲经佛头,在讲经中加入了新的具有时代气息的词汇,使讲经能够一定程度上被年轻人接受。但他们文化水平不高,旧学的根基也普遍薄弱,而且大都是近几年才开始从师学艺的,其中相当多一部分人是下岗或退休人员,半路出家来从业的,年轻的学艺者寥寥无几,因此,他们的讲经多是因袭,缺乏创造性。虽然现在全市讲经佛头有 120 余人,年做会讲经在 3 000 场以上,但多是为了经济利益从业的,从整体上看存在着队伍整体弱化的趋势、后继乏人的危机。需要培养新的人才,对讲经人才进行文化教育,提高他们的文化素养,才能使靖江的讲经宝卷这一珍贵的非物质文化遗产得到有效的继承与发扬光大。

(参与本文调查的作者有吴根元、姚富培)

个案研究 5

论非物质文化遗产的文本保护
——以靖江宝卷为例

在非物质文化遗产中,有许多是以口头流传的方式存在的。在流传中继承、发展、变化,随着时代的变迁而变迁,形成了今天我们看到的面貌。如宝卷这种形式,从最初唐代寺庙里的俗讲,宋元讲经中的说诨经,到后来成为明清民间的宗教性说唱故事。江苏靖江的讲经宝卷,同其他明代宝卷一样,至少从明代中期开始,作为民间宗教做会中的说唱部分就已经在民间流传,一直发展到今天,成为国家级的非物质文化遗产。

笔者在阅读整理这些宝卷过程中,发现这些讲经宝卷,既不是明清原本的面貌,也不是现在艺人的独创,而是从明代到清代,从清末到民国,一直发展到今天,一个一个时代层叠累积而形成的。每个时代都会留下一些时代的痕迹,这是一件非常有趣的事情,可以让我们从这些时代的层叠累积中考证其源流,也可以借以考证方言俗语、民俗风情的变化。当然,更重要的,是引发我们如何对这种随时代不断变化的非物质文化遗产进行科学的保护。本文认为,口承文化有其利弊,对它的保护,不能只停留在口承形式上,而应当在文本上进行保护。

一、口承的价值与得失

口承的时代变动性强,是活态的存在。像靖江讲经宝卷,就是传统宝卷中极少数现在还活着的说唱文学的"活化石"。靖江宝卷以前从来没有被整理过,都是民间艺人在民间的各种做会活动中演唱的。

　　大概至迟在明代嘉靖时，做会讲经已经很普遍了。故靖江讲经，绝对不会晚于嘉靖年间，有可能更早一些。如《香山观世音宝卷》里的监斩官名叫"忽必烈"，这自然不是元世祖的名字，而是蒙古人一般的姓氏称谓。讲经者只是随手拈来这个前代习用的人名，这种称呼是讲经者凭着自己的生活经验信手拈来的，有一些下意识的成分。也只有在明代中前期时候，会拿前代外族人作为一个反讽的对象。

　　口承性是由一代代讲经艺人口头流传下来的。在继承中，会有选择性遗忘，当然会更多吸收时代的新的内容。一个时代的痕迹，多少还会在里面显现出来。比如宝卷中屡屡出现的"十三省"，这就是典型明代词汇。中国的行省的划分，元代时除了京师附近地区直隶于中书省外，在河南、浙江、湖广、陕西、甘肃等处设十一行中书省，简称"十一行省"。明代改中书省为承宣布政使司，除南北两京直辖地区外，共有十三布政使司，而习惯上仍称行省，简称为省，这样，明代一般的叫法为"十三行省"或"十三省"。清代初年增为十八行省，后又增为二十二行省。许多宝卷都讲到进京考状元的事，都出现"皇上开南考""南北二京"的话，这些话语，是旧时讲经的遗留。只有在明代，有南京、北京并称皇都，南北同时举行会试。清代以后，称南京为江宁府，就不再有"南北二京"的说法了。靖江宝卷中许多地方透露出明代讲经语言的信息。而《眼光宝卷》里说："此卷出在宋朝真宗皇登位之时，有一贤人出在江苏省阜宁县东门外路家庄。"这肯定是清代江苏省名称确立以后讲经艺人的话。

　　口承性在宝卷中有利于考证其起源的时代，考证其发展演变的过程，但在一代代长远的口承中，愈变离其源本愈远，愈变愈失其原貌。方言本身改变很快，口承中改变最多的是其方言俗语的变化。民俗文化遗产的重要价值，是其中的方言词汇俗语和民风民俗,但随着口承发展,许多前代的如明代、清代的方言词汇被现代方言词汇取代,在整理中发现,许多靖江方言词语语源不清楚,当地整理者只是以同音字代替,使读者无从索解。为了使其他地方的读者明白其中的意思,就需要建立一个方言词汇对照表,把一些方言用普通话解释清楚。其中一部分方言的语源,要参考明清时代其他地方的宝卷来理解其词意。这有很多困难,这就引出另外一个问题,即宝卷的书面文本的重要性。

二、书面文本的价值

文本是以文字的形式固定下来的文化遗产。语言变化很快,而文字则古今变化很小,文本的优势就在于它的这种固定性。口承的过程中会随时代有所损益,而固定的文本则保持了它的原貌。如果每一个时代都有这种文本传世,我们就可以更全面地了解它的演变。如吴歌,宋代有郭茂倩的《乐府诗集》、明末有冯梦龙的《挂枝儿》《山歌》、民国有顾颉刚等人的《吴歌》甲乙丙丁诸集,我们可以看到,不同时代的吴歌语言上差别很大。我们现在靠着这些文本,可以考知这一口承文化遗产的演变。

靖江宝卷以前从来没有被整理过,都是民间艺人在民间的各种做会活动中演唱的。演唱者都有师承,但他们没有自己的底本,都是在跟师傅学习过程中积累的,到自己讲时,一面靠记忆,一面靠自己临场发挥,许多是即兴式的,添加了自己的一些创造的成分。同一个师傅教的弟子,讲的同一个故事,可能也会有一些地方有出入。有少数民间艺人也有一些抄本,只是一个大致的提纲,在讲的时候,并不会照本宣讲,而是加入许多即兴发挥。

旧时代的讲经者,当地人称为佛头。"佛头"一词,出自明代,明末话本小说《型世言》第二十八回:"先发符三日,然后斋天送表。

每日颖如做个佛头,张秀才夫妇随在后边念佛,做晚功课。"①佛头并不是僧人,而是民间做会讲经的艺人,在晚清至民国以前的讲经队伍中,大部分的佛头是私塾出身。虽然文化水平并不是很高,但受当时的环境熏陶,对"四书五经"和佛教道教的词汇比较熟悉,在宝卷讲唱中能熟练运用传统的经史话语、佛教道教及民间宗教的说法,以及当地民俗传说故事,这些在宝卷传承中积淀下来。而1949年以后特别是当前的讲经佛头,在讲经中加入了新的具有时代气息的词汇,使讲经能够一定程度上被年轻人接受。但他们文化水平不高,旧学的根基也普遍薄弱,而且大都是近几年才开始从师学艺的,其中相当多一部分人是下岗或退休人员,半路出家来从业的,年轻的学艺者寥寥无几,因此,他们的讲经多是因袭,缺乏创造性②。近年来,由于利益的驱使,也有一些三十岁左右的年轻人从师学艺,但讲经的队伍整体素质不高,口承下来的宝卷中所保留的传统的成分就愈来愈少。如何使这种流传数百年的非物质文化很好地传承下去,不失去其原有的意义与价值,就必须从讲经宝卷的文本上进行保护。鉴于此,靖江市把全市所有的佛头讲经宝卷都录音录像,并根据录音录像加以整理成三百万言的《中国靖江宝卷》。

三、文本在口承文化遗产研究中的作用

比起口语来,文本有相对的稳定性,虽然也随时代变化,但变化不是太大,有相对的固定性。明清以来流传下来的许多宝卷,其中有一些是民间教派的宝卷,主要是宣扬教派的教义与活动的科仪,这类宝卷的文学价值不大。还有面广量大的宝卷,是民间说唱

---

① 车锡伦:《江苏靖江的做会与讲经》,见尤红主编《中国靖江宝卷》附录,江苏文艺出版社,2007年8月版。
② 孔庆茂、吴根元、姚富培:《靖江讲经宝卷传承谱系的调查》,《艺术百家》,2008年第4期。

故事,也就是当时宣讲宝卷故事艺人讲唱的底本。像《香山宝卷》《黄氏女游阴》等都是由宋元时代而来的,明清时代宝卷就更多了。这部分宝卷是以文字的形式固定下来供人阅读的,因此它把当时口头的方言俗语词汇以文字形式固定下来。对这类非物质文化遗产的研究,有很大的意义。

首先,它把口头的宣讲变为固定的文本,完整保存一个时代的宝卷的本来面目。现在无法找出靖江宝卷在明清时代的印本,如果有的话,对于研究靖江宝卷的演变是极有价值的。它为人们研究方言俗语的词源提供可靠的参考文献。如明代的宝卷印本或抄本,记录了当时的民间俗语,反映了当时的民风民俗,后代时易岁迁,许多词语来源不明,可以通过这些宝卷文本来考证。方言读音讹转的很多,如靖江讲经中的"能"字,如《三茅宝卷》中"他高读能像鹦哥叫,低读犹如凤凰声"①,"总说相府没得冤枉事,这个冤枉海能深"。通过明清时代的宝卷刻本,知道"能"是"恁"的讹传。靖江方言里说哪个或什么,说"底高",是"底个"的讹传。《牙痕记》宝卷里:"二奶奶,你来望啊,这官官发禄格,把我做儿子了。""发禄"是"福禄"的讹传,意为孩子长得饱满,有福寿富贵之相。明清时代的年画或剪纸中,常以蝙蝠(福)、梅花鹿(禄)谐音以象征"福碌"。这些词都是口承中的方言,如果没有文本参考,则会愈传愈远,有许多词到后来已经莫知其源了。

其次,它可以防止在口承过程中宝卷的流失。从历史上看,清末民国有不少讲经宝卷现在都没有人继承了。明代中期,以罗梦鸿为教首的民间宗教教派罗教,对全国有很大影响。罗教在明末漕运的漕帮人员中传习颇众,后来从北方顺着运河南下。靖江宝卷受罗教影响最大,当时有许多宣讲罗教的痕迹。在现存的《篆香

---

① 本文引用的宝卷均据尤红主编《中国靖江宝卷》,江苏文艺出版社,2007年7月版。

庆寿开关》中有:"传开三关通九窍,九窍又通运粮河。运粮河通漕溪水,漕溪水通祖家门。"虽然用的是民间道教里常见的以地名喻人身的说法,但以运粮河作比却是首次。这也是讲经者生活经验的流露。相传漕帮的三祖都是罗教的信徒,在漕帮中,罗梦鸿就顺理成章地成为"罗老祖"了①。《血湖宝卷》前面的偈语里有:"开开罗老祖家门两扇,大乘经典涌上来。"《灶君宝卷》说:"我佛下凡尘,五部六册经。生老病死苦,普度众凡人。""五部六册"就是罗教的五部六册经卷。清末民国期间靖江宝卷还有宣讲罗教"五部六册"的。靖江的做会讲经也有"大乘做"与"小乘做"之分,"大乘做"主要是照本宣讲"五部六册"宝卷,如前举嘉靖十八年(1539)刘志真做的"明路会"等即是。但后来就没有人继承下来,现在的做会都是"小乘做"。由于没有文本,现在对这种宝卷就无法详知。

再次,讲经的文本也可以为以后从事宣讲宝卷的人提供一个范本,有利于讲经人对以往传统的学习继承,提高他们的素质,并在这个基础上创新。

我们今天有很先进的手段,可以以音像或数字化方式把它的全貌完整地记录下来,但这也代替不了文本的保护。类似于靖江宝卷的口承文化遗产有很多,许多都面临着后继乏人或虽不乏人,但传承人的知识结构、文化素质在下降,大量的文化遗产在传承中逐渐走样、流失以近于消亡,在音像数字化保护的同时,亟须文本上的整理与保护,尽可能把文化遗产的原貌留给后人。

四、挖掘吴歌的文献资源,以利搜集更多的民歌

顾颉刚先生当年搜集吴歌时,曾想到利用民歌的唱本,但因为这项工作比较复杂,而且甄别起来需要花费相当多的时间与精力,就暂时搜集口头演唱的吴歌。但是民歌唱本确实是一个需要认真

---

① 详见孔庆茂:《靖江讲经宝卷源流考》,《民族艺术》,2007年第3期。

挖掘的资源。唱本有三类：第一类是普通的说唱故事，类似于弹词宝卷的说唱故事。在全国各地都有很多，地方特色并不明显。即使是吴方言地区，用吴方言讲唱记录，但因为是长篇的叙事，并不能归于民歌。弹词开篇或衔接地方可能会夹杂一些吴歌民歌，可以收录，但那种将整本的弹词故事收入吴歌的做法，混淆了民间艺人与弹词作者创作的界限，现在的《河阳山歌》《白茆山歌》等都有这种长篇的叙事诗，其实是不可取的。第二类是所谓的山歌时调，明清吴地的山歌时调有很多，其中有一部分是流行的民歌，也有一些文人的仿作。国内各图书馆都有收藏，此外像日本早稻田大学的风陵文库、东京大学东洋文化研究所都有收藏，值得认真挖掘。第三类是清末民初改良山歌时调，如民国时上海文益书局出版的《时调大观》多集、上海刻印的《新辑改良男女对唱山歌》，有的吸收了时尚的元素，特别是与当时流行歌曲结合，通过电台或唱片发行的，如《无锡景》《苏州景》等，也可以看作是吴歌在那个时代的新形式。这类刊刻或手抄的唱本数量相当庞大，经过甄别，当能辑出大量的吴歌，这部分工作目前几乎还没有人去做。

个案研究 6

论苏南民间的张大帝信仰

祠山张大帝是道教中一个重要的神祇。从唐代开始在江南民间流行,成为东南沿海一带重要的民间信仰,并且历来备受统治者的重视,被列入国家祭祀的行列。张大帝信仰最初起于安徽广德县横山(唐代后改为祠山),从宋代起,祠山张王庙遍布安徽、江苏、浙江甚至福建①等地。从唐代至明清屡有封赠。明初南京鸡笼山周围的十庙,其中就有祠山张王的广惠王庙。张大帝在江苏、浙江、安徽一带有广泛的信仰基础,成为一个具有地方特色的道教的神。

一、关于祠山张大帝

祠山张大帝,名张渤(有作张勃,赵翼《陔余丛考》作张燿),汉代乌程人。程棨《三柳轩杂识》载:广德祠山神姓张,避食豨。引《祠山事要》云:王始自长兴县疏圣渎,欲通津广德,化身为豨,纵使阴兵,为夫人李氏所觇,自惭,其工遂辍,遂逃于县西五里之横山之顶。是以祀之避豨②。

张渤生活的时代,史书有说为西汉人张汤之子,唐代颜真卿有碑传说他为西汉末王莽之后人,还有的书说后汉人,皆无明确的依据。《江南通志》卷三十七:"广惠祠在鸡鸣山,宋讷《记略》云:按记龙阳人张渤发迹于吴兴,宅灵于广德,西汉以来盖已有之,或谓即张汤之子安世,而颜真卿所记则在于新室、建武之间,以时考之,不

---

① (乾隆)《福州府志》亦有祠山庙,并云"闽人祀之,素着灵异"等话。
② 见清顺治间陶珽重编、宛委山堂本刊《说郛》本。

无抵牾。至于锡封加号则始于唐之天宝,继于宋之咸淳,旱涝疵疠祷之必应。"①

张大帝的祭祀的日期,明代以前都是二月十八日。元泰定加封曰普济,王号如故。《明史·礼志》:祠山广惠张王渤以二月十八日祭。明初朱元璋鸡鸣山有十庙,其中就有广惠祠山王庙。到清代以后都是以二月初八日作为他的祭日的。

历史上一般并不称他张大帝,在正式的官方文献中,宋代以来至明初都称祠山张王或广惠王,或称真君。在明代《夷坚志》不称张大帝,而称祠山张王。明末以后的民间习惯上称"张大帝"。万历时金陵唐对溪富春堂刊本《刻全相搜神大全》始称"张大帝"。

宋代祭祀祠山张王已经非常普遍了。南宋《咸淳临安志》记载,南宋杭州就有两处祭祀的庙:一个是祠山张王庙,一个是广惠王行祠。见诸文人记载的有很多。如陆游《过张王行庙》,其中有云:"火旱千里赤,与人下雷雨。降水不反壑,谈笑出平土。"南宋高翥《菊涧小集》有《为辇下酒行多祭二郎神及祠山神而作者》云:"箫鼓喧天闹酒行,二郎赛罢赛张王。愚民可煞多忘本,香火何曾到杜康。"②香火之盛可见一斑。

二、民间信仰的地域性特色

道教中的有些神,如玉皇大帝、关帝等,是全国性的神,在全国各个地方都有信奉与祭祀。而有一些神属于地方性的,往往有一定的流行区域。比如妈祖是海上保人平安的神,只流行于东南沿海,在内陆地区如中原西北罕见有祭祀信奉。

祠山张大帝信仰也是这样的,首先,他只是在这一代出生活动。关于张大帝的生平,明代《三教搜神大全》是这样说的:

---

① 见《江南通志》卷三十七,康熙二十二年刊本。
② (清)赵翼:《陔余丛考》卷三十五,乾隆五十五年湛贻堂刊本。

大帝姓张，讳渤，字伯奇。武陵龙阳人也。父曰龙阳君，母曰张媪。其父龙阳君与媪游于太湖之陂，正昼无见无风雨晦冥，盖其上，并起失媪处，俄顷开霁，媪言见天神赐以金丹，已而有娠。西汉神爵三年二月十一日夜半生，长而奇伟隆准修髯，有神告以地荒僻不足建家。命行，有兽前导，遂与李夫人东游吴会，渡浙江至苕云山白鹤山，山有四水会流其下，公止而居焉。于白鹤得柳氏，于乌程桑丘得赵氏为侍人。王九弟五子一女八孙，始于吴兴郡长兴县顺灵乡①。

武陵龙阳，即今湖南汉寿，汉魏时属武陵郡。由其父母至太湖感于神而有孕，这都不是可信的。张大帝历代的封赠神号大抵有：唐天宝中祷雨感应，初赠水部员外郎，改广德横山为祠山。唐昭宗赠司农少卿，赐金紫。唐景宗封广德侯。南唐封为司徒，封广德公。后晋封为广德王。宋仁宗封为灵济王，至宁宗朝累加至八字王，至理宗淳祐五年（1245）改封正佑圣烈真君，咸淳二年（1266）加封正佑圣烈昭德昌福真君。

三、张大帝信仰与江南水患

道教中地方神的出现，往往取决于一个地区的历史、文化、自然、生态等各个方面，是人们现实的需要与当地历史文化的结合，也体现了这个地方自然、文化的特点。祠山张大帝信仰的出现，与江南地区的水患密不可分。

张大帝信仰反映了江南地区的水患，是人们在与水患斗争中所寄予的理想。张大帝所化身的豨，就是江南水患传说中的猪婆龙。

现在能看到的最早完整记载张大帝传说故事的是宋代吴曾

---

① 《新刻出像增补搜神记》卷二，明万历间金陵唐对溪富春堂刊本。

《能改斋漫录》：

> 广德军祠山广德王，名渤，姓张，本前汉吴兴郡乌程县横山人。始于本郡长兴县顺灵乡发迹，役阴兵导通流，欲抵广德县，故东自长兴、荆溪，疏凿河渎。先时与夫人李氏密议为期，每饷至，鸣鼓三声，而王即自至，不令夫人至开河之所。厥后因夫人遗餐于鼓，乃为乌啄，王以为鸣鼓而饷至。泊王诣鼓坛，乃知为乌所误。逡巡，夫人至，鸣其鼓，王以为前所误而不至。夫人遂诣兴工之所，见王为大猪，驱役阴兵，开凿河渎。王见夫人，变形未及，从此耻之，遂不与夫人相见，河渎之功遂息。遁于广德县四五里横山之顶，居民思之，立庙于山西南隅。夫人李氏，亦至县东二里而化，时人亦立其庙。由是历汉五代以至本朝，水旱灾祲，祷之无不应。都人以王故，呼猪而曰乌羊①。

豨在古代指巨大的野猪。但一般的猪是不习水性的，这里传说的大猪是一种猪精。在江南一带猪精是可以在水里兴风作怪的。如江苏靖江讲经宝卷《大圣宝卷》说：南京人养猪，不是关在圈里，而是放在外面跑来跑去的，猪可不管大的小的，一口一只，一下吃下七八只，还在地上拱了寻吃。原来小汤团里面包的是金丹，给父母吃了可以延年益寿。这猪吃了许多小汤团，长得特别快。一天长个头，三天像小牛，最后成了猪子精。猪子精食量大，到处拱了寻吃，拱呀拱，拱进了城楼底下入地九尺，到四更天饿了就拱得要吃，头一摇，城楼就倒，所以朱太祖下旨修城。这时，狼山大圣来到南京，见此情景，用慧眼镜一照，是猪子精作吵，就托梦给朱太祖

---

① （宋）吴曾：《能改斋漫录》卷十八，上海古籍出版社，1979年版。

说:"要得楼修成,必向沈万三借聚宝盆。"①

明代长江流域的水患中所说的猪精,是水中的猪婆龙。猪婆龙是一种在长江流域水中生长的鳄鱼,也就是我们今天说的长江里的鳄鱼"扬子鳄"。明《雪涛小说》:"金陵上清河一带善崩,太祖患之,皆曰:猪婆龙窟其下。故尔时工部欲闻于上,然疑'猪'犯国姓,辄嫁称大鼋为害。上恶其同'元'字,因命渔者捕之,杀鼋几尽。先是渔人用香饵引鼋,鼋凡数百斤。一受钓,以两前爪据沙,深入尺许,百人引之不能出。一老渔者谙鼋性,命于其受钓时,用穿底缸从纶贯下覆鼋面,鼋用前爪搔缸,不能据沙,引之遂出。金陵人乃作语曰'猪婆龙为殃,癞头鼋顶缸',言嫁祸也。"②在江南多叫作猪精或猪子精。

所以在无锡的传说中,张渤治水时,变成一头"猪婆龙"(也有一种说法是骑着猪婆龙),吞掉了在蠡湖兴风作浪的水怪,用嘴巴拱开了"犊山门",使蠡湖和太湖流水畅通,从此无锡成为富饶的江南鱼米之乡。现在在无锡太湖边上鼋头渚就塑有张渤骑猪婆龙的塑像。

四、张大帝信仰的民间叙事模式

很明显,张大帝信仰实际上是大禹治水神话传说在江南的翻版。南宋刘昌诗在《芦浦笔记》中引用吴曾《能改斋漫录》的话后说:

> 汉武帝元封元年诏云:"见夏后启母石。"师古曰:"启,夏禹子也。其母,涂山氏女也。禹治鸿水,通轩辕山,化为熊,谓涂山氏曰'欲饷,闻鼓声乃来。'禹跳石,误中鼓。涂山氏往,见禹方作熊,惭而去,至嵩高山下化为石,将生启。禹曰:'归我子。'石破北方而启

---

① 《大圣宝卷》,见尤红主编《中国靖江宝卷》,江苏文艺出版社,2007年版。
② 江盈科:《雪涛小说·嫁祸》,上海古籍出版社,2000年版。

生。"事见《淮南子》。予观《漫录》载广德军祠山张王事正相类。王本前汉吴兴郡乌程县横山人,始于本郡长兴县顺灵乡发迹,役阴兵导流,欲抵广德县。故东自长兴荆溪,疏凿河渎。先时与夫人李氏期,每饷,必鸣鼓三声而王自至,不令夫人至开河之所。后遗飡于鼓,乃为乌啄。王以为鼓鸣而饷至,诣鼓坛,知乌所误。逡巡,夫人至,鸣鼓。王以为误而不至。夫人遂诣兴工之所,见王为大猪,驱役阴兵,开凿河渎。王变形未及,耻之,遂遁于广德县横山之顶。居民思而立庙于山西南隅。夫人至县东二里而化,人亦立庙[①]。

大禹治水的神话传说在历史上是最有影响的,张大帝的传说显然是受其影响而产生的。大禹治水中,大禹化身为熊,而此处改作猪。大禹跳石中鼓,而此处乌啄鼓响。大禹的妻子涂山氏,发现大禹为熊后,转身逃跑,化为启母石。而此处张大帝被妻子发现原形,自惭而逃到山顶,妻子李氏亦化为石。整个故事情节高度相似,说明这个传说故事是民间受大禹治水神话传说的影响而产生的。

如果说大禹治水是中国历史上原始神话的话,祠山张王的传说故事就是在这个神话影响下的二次民间创作,它的产生并不是靠人们的口头传说,而主要是靠大禹治水神话传说的文献记载。往往是当地有一些文化水平的人仿大禹治水的神话,把当地的历史人物进行神化,编造出了祠山张大帝的故事。后世许多口头传承的传说,很少是单一的口头传承,往往是口头与书面文本的交互影响:口头传承的传说被书面文本固定下来,或书面文本故事被讲述者传播下去,两种文本交替影响,强化人们的记忆。即如张大帝传说形成的过程,先是由大禹治水神话的书面文本产生了大致相近的张渤治水故事,由讲述者传播到民间,产生了较大影响,到唐宋时又被固定成书面文本(如吴曾《能改斋漫录》),后代又在一定

---

① (宋)刘昌诗:《芦浦笔记》卷七,中华书局,1986年版。

程度上影响到口头传承。当然,这一传说需要特定的环境与土壤,张大帝信仰也体现了南方江浙地区神话传说的特点。熊是北方稀见动物,而南方却很少有,江浙地区的猪精也就是扬子鳄,只有生长在南方,是南方古代常见的水患。而张大帝化身为猪精,也寄托了人们化水患为水利的美好理想。

1. 张大帝信仰与民俗

祭神是一种民俗娱乐活动,祭神的同时也是娱人,庙会就是由祭祀而形成的人们的娱乐节日。同许多祭神活动一样,祠山张大帝祭祀也就成了江南地区初春时候的庙会。清代厉鹗有《西湖春雨》:"冥冥苦雾湿堤沙,店舍无人酒帜斜。已是祠山生日过,小梅犹滞雨中花。自注:杭俗以二月八日为祠山张真君生日,必有风雨。这种风俗由来久矣。"①明陈阶《日涉编》:"杭州旧有广惠庙,宋时建,以祀广德王者,是日集游。"②

张大帝祭祀日历代也有不同,明代是二月十八日,清代以后改为二月初八。明代《礼部志稿》:祠山广惠庙祀,每岁二月十八日,遣南京太常寺官祭。(明俞汝楫编《礼部志稿》卷三十)

江苏初春的气候特征:二月八日张大帝嫁女,一嫁风,一嫁雪,一嫁雨。待食冻狗肉始上天。盖谓二月八日后必多风雨雪,至戌日乃止。广德流传在二月八日,先一日必多风,后一日必多雨。

2. 吃冻狗肉的来历

张渤因为是猪精的化身,故祭祀时忌猪肉。宋代时祭祀张大帝以牛为牲。宋马端临《文献通考》:"祠山庙在广德军。土人言其灵应,远近多以耕牛为献。伪唐以来,听乡民租赁,每一牛岁输绢一疋,供本庙之费。其后以绢悉入官。景德二年,知军崔宪请量给

---

① 《樊榭山房集》卷五,文渊阁四库全书本。
② (明)陈阶:《日涉编》卷二,明万历三十九年应城徐养量刊本。

绢完葺祠宇,上曰:'此载在祀典,当官为崇饰。'因诏本军葺之。"①广德地方其他各庙也都仿效,过多的以牛为祭礼之牲,给当时广德带来很重的负担。故多任广德官员反对这种淫祠淫祀。在当地一年甚至要杀二千头耕牛用于祭祀,因此南宋时禁杀耕牛祭祀,而易以素祭。

但明代以后,民间用狗肉祭祀。以狗易牛,较之牛要减少奢靡浪费。故明代至今,一直以冻狗肉祭张大帝。

根据无锡民间传说:因为张渤原形被妻子发现泄露天机,被玉帝关了起来。老百姓不答应,他们托土地神上天请求玉帝赦罪,要求释放张大帝。张大帝四个女儿也不断地哭,直哭得天昏地暗。玉帝心烦意乱,不得安宁。于是就决定:每年二月初八,放张大帝回家一趟,省得百姓闹,女儿哭。

从此以后,每年的二月初八,张渤的四个女儿总要来迎接亲爹。

大女儿最懂事,每次来看父亲,想到爹娘的悲惨遭遇,眼泪就不断地淌下来。回去时又舍不得老父孤独一人,一步三回头,边走边哭。所以每年二月前后,阴雨连绵,那是大女儿雨姑娘来了。

二女儿想到父亲爱吃冻狗肉,她总是一路风雪,护着狗肉来接父亲。所以每逢二月初八前下春雪,那就是二女儿雪姑娘来了。

三女儿性子急,来去一阵风。每逢这几天又要刮大风,人们总说是三女儿风姑娘来了。

小女儿脾气暴,想到父母不公平的遭遇,眼里就会爆出火星来,小女儿火姑娘来了,大家就要当心火烛。

直到现在,无锡地区二月初八前后天气变化异常,忽儿风,忽儿雨,忽儿雪,就是因为张大帝的女儿来看他们父亲的缘故。

南京的张大帝庙除了鸡笼山广惠王庙,还有长江边的张王庙。

---

① (元)马端临:《文献通考·卷九十·郊社考》,中华书局校点本,2011年版。

潘宗鼎记录南京民俗的著作《金陵岁时记》记载："二月八日祀祠山大帝,夹冈门外有张王庙,前后三日必有风雨,遂有'张王老爷吃冻食,请客风送客雨'之谚。"

无锡有张元庵,又名祠山广惠行宫,俗称"张王庙",在南门知足桥西,庙内奉祀西汉时治水有功的"张大帝"。现张元庵已不存,唯有庵内两棵古银杏树尚在,树龄分别在450年和500年以上。二月初八,张元庵里大蜡烛直径足有一尺粗,四五尺高,生日前后三天终日燃点。后面厅堂祭桌上有赤白的小狗,满身插花供在中央。

常州青果巷旧有张王庙,二月八日有庙会,有吃冻狗肉的习俗。

五、张大帝在民间的混淆

江南民间的张大帝,往往在不同地区、不同时节或不同语境中会有不同的所指。玉皇大帝也姓张,民间也叫张大帝,明代王世贞就把民间的张大帝与玉皇大帝弄混淆了[①]。民间也有弄混淆的。如江苏靖江讲经宝卷有玉皇张大帝,名叫张百忍(《玉皇宝卷》);《大圣宝卷》还有狼山大圣,他父亲叫"张举山",从小不务正业,拿着弹弓射鸟杀生,后来被点化修道证果[②]。"打弹张仙"也姓张,拿弹弓射猎恐是吸收了"打弹张仙"的部分内容改编的。祠山张大帝也姓张。

---

① 见赵翼:《陔余丛考》卷三十五"祠山神"条,乾隆五十五年湛贻堂刊本。
② 《玉皇宝卷》《大圣宝卷》,均见尤红主编《中国靖江宝卷》,江苏文艺出版社,2007年8月版。

个案研究 7

黄大仙信仰溯源
——从魏晋地仙信仰谈起

黄大仙信仰是从浙江金华产生,影响到华南广东、香港乃至海外的一个重要的民间信仰。它不仅仅是道教的产物,同时也是一般百姓的地仙信仰与民间风物传说的结果,因此可以说是道教与民间信仰的结合。本文主要谈谈黄大仙信仰的起源,以汉末魏晋道教的地仙故事及民间传说为基础,通过对文献的分析,探讨黄大仙信仰的形成。本文主要从四个方面来谈:

一、地仙观念:神仙鬼界说

"地仙"一词主要来源于东晋葛洪的《抱朴子·论仙篇第二》:"按《仙经》云:'上士举形升虚,谓之天仙;中士游于名山,谓之地仙;下士先死后蜕,谓之尸解仙。'"葛洪把神仙分为天仙、地仙、尸解仙三种。所谓天仙,就是修炼到一定程度,一人得道鸡犬升天,像淮南王刘安这种白日升天,这就是天仙。所谓地仙,就是进入深山,遇到神仙,经过点化,或者服食药物而成为仙人。所谓凡人遇仙,主要就是讲这一类的故事。尸解仙是人死了之后,灵魂升天,尸体从棺木中消散,空无所有。这种说法,从葛洪开始,到北魏崔浩、寇谦之等又有所继承发展。形成了魏晋仙人的三种层次。

"仙人"这个概念,在先秦很少有提及,至汉魏以后才大量出现。在春秋战国以前,一般主要都是指神。如我们说的神话传说,伏羲女娲、三皇五帝、西王母,等等。这些都是与人世间没有关系,高高在天上的神人,他们都具有超人的神的特性。像屈原的《天问》《九歌》中的,各种各样神话传说之中的人物,只有神超凡的威力,他们都在天上,也非一般人所能见到。这就是神,关于神的故事,我们叫作神话。

大约从战国时代开始,又有了类似于神,但与神又有所不同的所谓的仙。先字的繁体有两种写法,一种是僊,从人,䙴声；一种是仚,从人,山声 。这两个字都是形声字,只不过音符稍有不同而已。义符都是一样的,都是从人,人字旁。神仙的"神"字从示,说明它是一种神灵。而"仙"字从人,说明最初在造字上,它是一种人,或更接近于人。《释名》:"仙,迁也。迁入山也。"它的意思是指修炼得道长生不死的人,或指能达到至高神界的人物。殷商时代殷墟出土的文物中,就有羽人的雕塑,到战国西汉,这种羽人的雕塑就更多,有玉羽人、铜羽山,等等。所以,这个"仙"字,意思是由人经过修炼羽化而成为的接近于神,或地位上次于神的灵物。羽化升天,而到天上,与神相近相处,所以后世与神合称神仙。这种关于仙的故事,一般我们称作仙话。

鬼是指地下的世界。《礼记·祭义》云:"众生必死,死必归土,此谓之鬼。"《礼记·祭法》则云:"庶人庶士无庙者,死曰鬼。"人死了之后,都埋入地下,所以死人所变化的灵魂都在地下,古人统一称之为鬼。从层次上看,鬼要比仙更等而下之了。尸解仙虽然死后入土,棺中无尸,其灵魂是在天上,人间,还是地下,史无明文。人们愿意成神成仙,却没有人愿意做鬼,也就是说,鬼是被讨厌的。神仙、鬼神常常并称,但却有高低贵贱幽明之分。

这是古人对于现实中人之外的三种灵魂的高低的划分。神是高高在上,人们可以祭祀,可以崇拜,但却非可力致。对于鬼却是躲避驱逐,不与之为伍。仙是可以通过服食,导引或炼丹而企及的。汉魏时期的道士,一方面通过仙话宣传引导人们求仙,另一方面通过符咒驱邪而为人们驱鬼。我们现在可以看到,汉魏时期,很多墓里有镇墓兽,同时还会在陪葬的陶器上刻镇墓文,既保护墓主,同时又使墓主人鬼祟不能出来危害活人①。

神、仙、鬼这三个层次的划分,实际上来源于先秦以来人们的宗教观念。当然,道士在这方面也起了很重要的作用。

二、地仙的形成,从战国到魏晋

到魏晋时,中国古代形成关于神仙、鬼神,加以系统化,形成了道教完整的体系。

神仙的说法,大约起源于战国后期。燕国、齐国的方术之士,宣扬海外仙山长生不死。我们一般称之为方仙道,是道教的源头之一。

长生不老,是人们永远追求的话题。人们总幻想着能够长生久视。于是,在战国时的方士中,掀起了一种追求神仙不老的传说和探求活动。《山海经》中多次提到有"不死国""不死树""不死民",如:"不死民在其东,其为人黑色,寿,不死。""有不死之国,阿姓,甘木是食。"还有"不死之药":"开明东有巫彭、巫抵、巫阳、巫履、巫凡、巫相,夹窫窳之尸,皆操不死之药以距之。窫窳者,蛇身人面,贰负臣所杀也。"(《山海经·南山经》)《资治通鉴·秦纪二》:"初,燕人宋毋忌、羡门子高之徒称有仙道、形解销化之术,燕、齐迂怪之士皆争传习之。自齐威王、宣王、燕昭王皆信其言,使人入海求蓬莱、方丈、瀛洲,云此三神山在渤海中,去人不远。患且至,则风引船去。尝有至者,诸仙人及不死之药皆在焉。及始皇至海上,诸方士齐人徐等争上书言之,请得斋戒与童男女求之。"汉武帝也热衷于寻仙访道,乞求长生。此外,如《神仙传》:"卢敖者,燕人也。秦时游北海,至于蒙谷之山,见若士焉,方迎风而舞,顾见敖曰:吾

---

① 通过买地券、镇墓文驱鬼是汉末太平道道士常见的活动,主要目的是使墓中鬼不能殃及活人。黄景春:《早期买地券、镇墓文整理与研究》,华东师大 2004 届博士论文。吕志峰:《东汉镇墓文考述》,《东南文化》,2006 年第 6 期。

与汗漫期于九陔之上,不可久。乃竦身入云中。"《列仙传》云:"涓子,齐人。饵木三百年,钓于荷泽,得鲤鱼,剖之,腹内得符,能致云雨。"

"乐子长者,齐人也,遇霍林仙人,授巨胜赤松散方,曰:蛇服成龙,人服成童子。长服之,年百八十岁,色如少女。妻子九人,皆服之,老者少壮,少者不老。乃入海登劳盛山仙去。"(《神仙传》)

至于何以能长生不死,战国时的传说是有一种不死之药。这里有两种记载。一是《山海经》中说的不死之药。(见上)又后羿妻嫦娥,从西王母处得到不死之药,他的妻子嫦娥,偷吃了不死之药,然后成仙升入月宫。西汉初期的《淮南子》,其中使用了嫦娥奔月的故事作为典故引用:"羿请不死之药于西王母,姮娥窃以奔月,怅然有丧,无以续之。"①

另一是《战国策·齐策》(又见《韩非子·说林》)中有献不死之药于荆王者。《史记·秦始皇本纪》载:"(始皇)因使韩终、侯公、石生求仙人不死之药。"

但不死之药是一种什么药?由什么成分构成?怎么制作?在战国人的叙述中并不清楚。到汉魏以后,人们有过许多尝试。

一是炼丹,所谓的金丹就是汞或其他含金属的药物。二是炼石,用紫石英、白石英、赤石脂、钟乳、石硫黄等炼成的所谓的五石散。三是服食各种中草药,如茯苓、灵芝。还有一种就是导引辟谷气功之类的方法。在魏晋南北朝之间,各种探讨与尝试都有,这只是一个方面。在诸种"不死之药"中,最神奇有效的当然是直接升天成仙了。汉代淮南王刘安就是"一人得道,鸡犬升天"的。"是以道术之士并会淮南,奇方异术,莫不争出。王遂得道,举家升天,畜

---

① 1993年3月在湖北江陵王家台15号秦墓中出土的竹简中,有《归妹》卦辞为:"昔者恒我(嫦娥)窃毋死之药于西王母,服之以(奔)月。将往,而枚占于有黄。有黄占之曰:'吉。翩翩归妹,独将西行。逢天晦芒,毋惊毋恐,后且大昌。'恒我遂托身于月,是为蟾蜍。"林忠军:《王家台秦简〈归藏〉出土的易学价值》,《周易研究》,2001年第2期。

产皆仙,犬吠于天上,鸡鸣于云中。"(汉·王充《论衡·道虚》)

西汉末年还有传说唐公房举家"拔宅升天"的,甚至《老子化胡经》中还有两百余口举家拔宅飞升。还有东晋道士许逊也是这样的,就是直接升天成为天仙的。这种白日飞升的故事,虽然很神奇,但有谁亲眼看到过,却是无法证明的。眼见为实,这种根本无人能够看到的事情,还是缺乏说服力的。况且两百口人,举家连房子都飞升天空,也太缺乏可信度了。所以白日升天的故事,从魏晋以来,实际还是极少的。

地仙则不然。名山胜境,无所不有,自古以来,就有许多高人逸士隐逸山林,留下许多传说。稍加渲染附会,就能引人入胜。况且山中遇仙,进入仙境,修炼点化而成仙的,很合乎自然的逻辑,不需要用眼见为实来证明。这种地仙的妙处,在若有若无、亦真亦幻之间,说有则有,说无则无。道教所说的三十六洞天、七十二福地,在全国很多地方都有,所以地仙说最盛行。

尸解仙也跟天仙一样,很难证明。人死落葬之后,是肉体升天,还是灵魂升天,这些不经过目验是无法证明的。天仙的升入天界,和尸解仙的埋入地下,不管肉体也好,灵魂也好,反正都与人不在一个世界,与死去其实是没有多大差别的。地仙与平常人距离最近,与平常人活在同一个世界。所以说,地仙最切合一般人的心理,能够为大多数人所接受。

三、地仙信仰形成的机制

地仙信仰形成的机制,有两个方面:一是关于神仙说的心理因素,二是名山的地理因素。

从时代上来看,魏晋南北朝时期是一个宗教思想极为发达的时代。从印度传过来的佛教,此时迅速地在中国传播,并在传播的过程中,根据中国人的传统习惯与接受心理,进行适当的本土化。中国人对佛与菩萨,与传统的神仙一样,是把他们当作神仙来对待的。佛教也就根据中国人的传统观念,加以适当改造,目的是更适应中国人,让更多的中国人接受。从敦煌石窟中南北朝至唐代的写经中完全能够看出一般百姓对佛的看法。

传统的道教更注重功利方面的宣传。比如用符水为人治病,驱除恶魔,就是所谓的驱邪。为死去的人超荐安墓,为人占卜星象、阴阳风水,直至为人却老延寿,升天成仙。长生久视是人的终极目的,不论是帝王、文人,还是一般的百姓,都追求这个目标。在魏晋时代,道教要与外来的佛教争夺地盘,争夺正宗地位,因此与佛教有许多争斗。东汉时道教《太平经》中有"老子往西越八十年,生殷周之际也",有了老子化胡说的萌芽。至东汉末襄楷在延熹九年(166)上奏中提出:"或言老子入夷狄为浮屠。"可见在当时已成为社会上的传说。老子化胡说最初是佛教还是道教信徒提出来的,已不可考,也并不重要。在佛教进入中国初期,这种化胡说可以使佛教获得一种合法的身份,拉近它与信徒之间的距离,以及造成与道教派出同门的假象。所以老子化胡说似乎是佛教所造。《三国志·魏书·乌丸鲜卑东夷传第三十》:"浮屠所载临蒲塞、桑门、伯闻、疏问、白疏间、比丘、晨门,皆弟子号也。浮屠所载与中国老子经相出入,盖以为老子西出关,过西域之天竺,教胡。"后来佛教势力渐大,甚至有超过道教的趋势。西晋时道士王浮撰《老子化胡经》,攻击佛教,意谓佛教是后起的夷狄之学,排斥佛教。两晋时佛教势力已经壮大,超过了道教,已不再需要攀时道教,所以反过来以此反击王浮,朝廷最后销毁此书。道教在与佛教的这场斗争中失败了。但道教更切中中国人的心理需求,它抓住了人们最普遍的功利性的心理来进行传教。

地仙信仰是道教与民间传说的结合。在道教所奉的众神中,最多的是中国历史上传说中的那些人物,如老子、关令尹、王子乔、荣启期等,这些人物本身就与名山有关,同时他们是介于传说与真实中的人物,他们的传说与道教的那些地仙非常接近,有的时候甚

至是完全等同的。如《楼观传》:

"宋伦字德玄,年二十二,以周厉王时学道,诵《五千文》,服黄精白术,积二十年,感老君降授灵飞六甲、素奏丹符。伦行之通感如神,言无不验,望岩申步,日行三千里,凌波涉崎,不由津路。年九十余,以景王时升仙,下司嵩山。又:杜冲字玄逸,年二十五,学道析真,静神守一。二十余载,感展真人降授九华丹方,告曰:老君与尹真人于东海八停山召太帝集群真。"

在真实的时间、地点与人物中,却加入一些虚构的情节。如前所述的老子化胡说,就是在《史记》的老子传中说老子"居周久之,见周之衰,乃遂去。至关,关令尹喜曰:子将隐矣,强为我著书。于是老子乃著书上下篇,言道德之意五千余言而去,莫知其所终。"《史记》本传的末尾是一个传说,老子化胡正是从这个传说生发的,道教神仙传说中关令尹传就是从这里演绎出来的。

其次是地理因素。地仙是因地而成仙,名人名山互相映衬。六朝以前的道放列仙,大多数是北方的,南方特别是江浙一带较少。东晋南朝以后,经济文化重心南移,浙江因为有山有水有湖海,越来越占重要的地位。在道教名山胜景的十大洞天、三十六洞天、七十二福地中,东晋以后浙江一地占有相当的比重。"洞天福地"的观念也在东晋前后形成了。上清派的著作《道迹经》《真诰》均提到有"十大洞天""地中洞天三十六所",葛洪《抱朴子·内篇》引《仙经》,也提到其中许多洞天福地的名称。十大洞天中浙江就有委羽、赤城和括苍,占了三个。

在三十六洞天中,四明山洞、会稽山洞、华盖山洞、武夷山洞、盖竹山洞、金庭山洞、仙都山洞、青田山洞、天目山洞、金华山洞十处在浙江。其中金华山洞,也就是现在黄大仙庙的所在地。在七十二福地中,有十三处福地在浙江。

魏晋南北朝时期,山林隐逸之风特盛,在隐逸之士中最容易产生相关的传说故事。在魏晋的地仙小说笔记中,如王质(任昉《述异记》)是东阳人;刘晨、阮肇(刘义庆《幽明录》),袁相、根硕(陶潜《搜神后记》)是剡县人;介象(《神仙传》)是会稽人,等等。

四、黄大仙信仰的形成

皇初平是否真有其人,是否是道书记载的东晋人,都是值得怀疑的。当然,对于神仙人物也没有必要考证其真实生平,应当把他当作一个传说人物看待。从时代来看,即使实有其人,也不会是东晋的。

葛洪写的皇初平传记中,并没有说明其时代,只说皇初平十五岁被道士带入山中,在山中修炼四十年,而后兄长寻访到他,叱石成羊之后,与兄长修炼五千日①,折合起来又是十四年,再加上"后乃还乡","其后传服此药而得仙者,数十人焉"云云,算下来葛洪早已不在人世了。葛洪(284—364)的生平是明确的,他是西晋至东晋前期人。其实从叙述的语气来判断,其与皇初平明显不是一个时代的人。

皇初平在当时应当早已成为一个传说人物,葛洪的传记,应该是得自于民间的传说。比葛洪稍晚的著名画家顾恺之画过《黄初平牧羊图》,见宋代《宣和画谱》"道释一·顾恺之"下②,同书"道释二·张素卿"下有"黄初平真人像一",张素卿是唐代简州人,道教画画家。在张素卿画的道教人物中,黄初平像位置在"葛玄真人像"与"左慈真人像"之间。顾恺之《画云台山记》中尚有张陵度化弟子事,都是历史人物,很少有当代并世画故事或传记。在东晋那个时代,顾恺之未必会看到葛洪的《神仙传》这部书,他画《黄初平牧羊图》一定是有更早的记载,或当时许多人都知道的流传很广的

---

① 据五代天台山道士王松年编《仙苑编珠》,此处是"至万日",应该是三十年的时间。
② 据故宫博物院影印《宣和画谱》最早的版本元大德刊本。

民间传说。

《宣和画谱》都是根据宣和宫中收藏的原画上的题名著录的，皆为"黄初平"，可知顾恺之的原画中就题名"黄初平"，说明黄初平的名字在晋唐间同时流行。根据《宣和画谱》的叙述，皇初平大约应当是东汉末或三国时人。"皇初平""黄初平"可能与曹魏"黄初"年号有某种关系。当然这也只是猜想而已。

后 记

儿童的经历与记忆往往是影响一生的生活经验。

我的小学生活在"文革"后期,那时的学校并没有什么课业,上学很轻松。晚上也没有电视看,左邻右舍常常互相串门,或聚在生产队的办公处、饲养处这些公众场合聊天。冬天大家围着火炉烤火、抽烟,夏天一人一把芭蕉扇乘凉。大人们在聊天,孩子们借着灯光玩。有时没什么好玩的,也就听大人们讲"云话儿"(传奇故事)。我的童年的知识许多都是在这样的环境中获得的。农村里有一些大字不识几个但却满腹故事的人,也就是所谓的"故事篓子",讲神话传说、传奇故事、风俗掌故,所讲的都是很吸引人甚至很惊悚的故事。当时懵懵懂懂,不一定都能听懂。但童年的记忆会在脑子里留下深刻的印象。比如,小时候听人说乡贤卫哲治的故事,说他在乾隆初期由"小拔棍"做到巡抚,当时怎么也弄不明白"小拔棍"是什么意思,长大以后突然看到书里介绍他"以拔贡生廷试优等,发江南委用",才恍然大悟。当然,长大以后看书多了,也发现小时候听到的传奇故事并不是完全可靠的。把听到的传奇故事与书上的记载相对照,这是非常有趣的事。我十八岁以前都在家乡生活,听的说的都是方言,耳濡目染,就形成了自己的母语。以前读《世说新语·文学》:"阮宣子有令闻,太尉王夷甫见而问曰:'老、庄与圣教同异?'对曰:'将无同?'太尉善其言,辟之为掾。世谓'三语掾'。"看到"将无"一词,突然就一下触发了记忆中的方言,我家乡豫北济源方言中"将无"仍很常用，也是大概、或许之意。原来这个口头流行的方言词汇已经有一千六七百年的历史了，我顿时像发现宝物一样惊喜。可能就是少年时这种经历，对口头传承的文化有了浓厚的兴趣。再后来就有了"江苏口承文化资源研究"这个课题。但自己从小的生活环境是豫北，对于江淮方言和吴方言为主的江苏口承文化资源还是缺乏感性认识与体验的，只能依靠文献材料进行研究。所幸的是 2007 年经陶思炎教授推荐，应邀参加靖江宝卷的整理与出版，对近三百万字的宝卷从头到尾通读了一遍，了解了大量口承文化资源，后来又参加了续编《靖江活宝卷文库》的审订。我特别感兴趣的是那些口耳相传的民间传说故事，以及考证方言词汇的语源。我从中学到了许多知识，为这本小书的写作积累了材料。

"学然后知不足。"在写作过程中，我深感自己对民间传说故事、方言俗语的积累不够，不能完全听懂吴方言，只能主要靠书面材料进行研究，又深感社会阅历经验太少，初稿完成后一直束之高阁。在学校多方催促下，对初稿稍作修改，交付出版。希望得到读者的批评指正。

感谢小时候村里前辈讲那么多好玩的故事，引起我的兴趣，感谢陶思炎老师推荐我到靖江整理编订靖江宝卷，感谢东南大学出版社张丽萍老师为本书付出的辛勤劳动。

孔庆茂
2018 年 10 月